心靈工坊
2 [PsyGarden]

Caring

生命長河，如夢如風
猶如一段逆向的歷程
一個掙扎的故事，
一種反差的存在留下探索的紀錄與軌跡

畢恆達 著

空間就是想像力

Spaces of Adventure

空間就是想像力

Spaces of Adventur

贩民城市！

推薦序

# 空間就是小說

## 吳明益
（東華大學華文文學系教授）

在我剛開始迷戀野外踏查的年輕歲月，我十分著迷於生物辨識生存空間的方式。一隻小巧的環頸鴴靠星辰、磁場、視覺記憶進行漫長的遷徙，鼴鼠與野兔則依靠腺體繪製出的氣味地圖，在莽莽草原中準確判斷路線。鼴鼠在黑暗的地底，透過兩個鼻孔分辨不同氣味的能力，能迅速找到蚯蚓，蝙蝠則能用超聲波來進行回聲定位，讓牠們不致在高速飛行時撞上複雜的樹林或是人類建築。我當時以為，這些動物有遠超過人類的空間辨識能力，我多麼渴望擁有那樣的能力啊。

而當我重拾城市漫步樂趣的一段時間後慢慢發現，人類也有這種本然的空間感，只是我們遺忘或忽視了而已。當我們嚐到家鄉食物的那一刻有歸鄉之感，聽到青春時期的音樂時身邊景物與色彩似乎也隨之改變，我們以嗅覺回憶起情人枕睡在身邊的時刻；而總在某個地景消逝之後，我們還是能把腦中的那個空間召喚出來。

畢恆達教授（與其他作者群，包括他的學生，以及鴻鴻等作家與社會工作者）在這些年，則把這些可能被某些人遺忘

的能力，用一句簡潔有力的話語表現出來：「空間就是想像力」。

我與畢恆達教授作品的相遇，最早的是《教授為什麼沒有告訴我》。我在課堂不只一次分享這本書給學生，在讀完後我看到他們心有戚戚的眼神。而畢恆達教授讓我最著迷的著作是《塗鴉鬼飛踢》，因為我每回到國外，都會注意街頭塗鴉。對我來說那是重要的城市風景，而畢恆達則透過它們詮釋出多重的文化議題。後來我因為從事自然書寫研究，因而接觸環境心理學。真正展現畢恆達教授紮實學術功力，與看似不著痕跡的述說能力的一系列空間書寫，就成了我的啟發來源。

從《空間就是權力》、《空間就是性別》，到你手上這本《空間就是想像力》，讀畢恆達教授的書不是一本書一本書的感動，而是跨越他所有著作的互文。在看似直白的章節標題裡，不但隱藏著龐大的資訊量，更重要的是，它的「思考量」與「想像量」也同樣龐大。每一頁的圖像與文字逐漸開展出「觀察、體驗、詮釋、參與」空間的議題深度，有些例證讓我有恍然大悟之感，比方說書裡提到天橋的設計事實上是將行人的權利讓渡給汽車；有時則讓人引發思辨，比方說城市土地如何從生活空間被權力轉移給財團炒作；當然，還有中產階級美學的城市空間如何拒絕遊民，如何進行無言的社會排除。

最特別的是書裡充滿了「遊戲性」的段落，從觀察到參與的建議，讓人讀來毫無隔閡，幾近沉迷。這是一本會讓你在漫步、生活、疲憊於你認為百無聊賴的空間裡時，重新發現想像力的書。

書從討論空間感始，復以十種繪製地圖的方法收尾，我想這

是因為環境心理學和「地圖學」無法分開的緣故。也讓我不禁想起和德國小說家夏朗斯基（Judith Schalansky）在國際書展同台的情景。她在那本美麗之書《寂寞島嶼：50座我從未也永遠不會踏上的島嶼》提到：「地圖學實在應該歸納至詩歌體裁類，而地圖集本身就是美麗的文學作品。地圖集最早的名稱是『世界劇場』（*Theatrum Orbis Terrarum*），用這個詞來指涉地圖實在是再恰當也不過了。」我問她為什麼要寫一本自己永遠也不會踏上的島嶼的書？她說因為那些島嶼所帶來的探險故事、童話想像曾經改變過她的人生，寫一遍彷彿也像真的走過一趟。

英國作家賽門・加菲爾（Simon Garfield）的《地圖的歷史》（*On the Map*）開篇就以當時五億臉書使用者所形成的網絡來說明，地圖甚至可以呈現人際關係，而不只是河流、海岸或政治邊界。書中加菲爾以博識紮實又具有想像力的筆法，寫出了各式各樣不可思議的地圖的故事，而我最喜歡的是末章的「繪製大腦圖」。作者提到認知神經科學家在研究厲害的計程車司機後發現，他們擁有較大的「右海馬迴後緣」，這是他們能記住複雜的城市地圖，而且能在顧客一說出目的地的時候，很快地在腦中出現行車路線的重要原因。這既是空間感的天賦，也是後天的鍛練，以至於他們右海馬迴後緣的發展，超過不會開車的愛因斯坦大腦。

我們都可能擁有別人沒有的空間天賦，它甚至可能影響了我們的人生。科學家認為人類擁有傑出的「視覺心象」（visual imagery），我們常常跳過視網膜訊號處理過程，在腦中產生一個如真的想像空間。我們的記憶儲存的視覺資訊，會重新組合與再製，呈現出我們的深層認知。也就是，你所見的空間就是你自身。

我發現這和小說作者的主要工作十分相似，觀察、認識、體驗、詮釋，最後創造出一個讀者能參與的空間，一個空間的成立，永遠都有「邀請」的意味。

我珍重地推薦這本書給讀者，還有一個原因是，作者們展示了一個事實：那就是讓我們失望的空間是可以改變的。此刻我們正在失去提供我們想像力的生活空間，從三鶯部落、相思寮，乃至於此刻正在消失進行式中的蟾蜍山聚落，與基隆八十年歷史的港西碼頭二號與三號倉庫拆除事件，不都是我們可以即刻參與關心、挽救的空間？而新北投車站在漂泊了26年後返家的事件，或許也是一個啟示。

空間就像小說，可以在我們的意志下改變它們的結局，創造它們的意義，最後反過來，改變我們自己和閱讀者的人生。空間就是我們自身，也是人類文明自身。挽救空間，也就挽救了想像力的居所。

自序

# 讓想像力奪權，
# 給生活空間更多樂趣！

我們在一個熟悉的環境裡長大，對於許多日常生活空間習以為常，視為理所當然。我們習慣於客廳的電視、陽台的鐵窗、騎樓裡的攤販、排排坐的教室、都市裡的天橋與地下道。但是我們的生活空間，「本來」就該這樣嗎？《空間就是想像力》期望經由各種空間論述、方法與演練實例，提昇讀者對生活環境有敏銳的觀察與反省能力。從體會觀察空間的樂趣、解讀空間中的社會文化作用力，進而能主動地參與空間的經營與改造。

《空間就是想像力》可以說是《空間就是權力》以及《空間就是性別》的續篇（或者可以說是「前傳」），共同譜成「空間三部曲」。不過三本書也適合分開獨立閱讀。相較之下，《空間就是權力》強調人與空間關係的理論與研究，《空間就是想像力》則聚焦於方法與實作。

寫作此書的構想源自於我在臺灣大學大學部教授的「人與環境關係導論」課程。講授的主題從如何看、物的意義、物的設計心理學、空間認知與地圖、性別與空間、音樂／電影與空間、都市冒險，到災害空間、全球化空間。誠如我在《教授為什麼沒告訴我》一書封面上所寫：「研究不只是對於外在現象的瞭解，它其實反映了我們的先前理解；亦即不是在白紙上加了一些圖案而已，它讓我們反省我們原來是這樣看世界的」。上課也是如此。例如在空間認知的單元中，我問學生：「桃園機場和板橋哪個緯度比較高？」給了正確答案之後，會說明我們的錯誤認知是基於歐基里德偏誤（把曲線視為直線）以及上位尺度偏誤（因為桃園縣在新北市南方，所以誤以為機場在板橋的南邊）。我也用「玩13點」遊戲的方法問學生，美國和非洲的面積哪個比較大？美國加上中國呢？正確答案是，美國＋中國＋西/北歐＋印度＋阿根廷加總起來的面積都比非洲還小（請上網搜尋Africa in Perspective）。此時，同學通常會露出不可思議的表情，說理智上知道，但就是不願意相信這是客觀的事實。想想臺北市議會前的地界地圖（見頁82）、房地產廣告、Google Map，甚至臺大學生用杜鵑花瓣排成的地圖，圖像如此一致，讓我們長期因為熟悉而樂於接受，以為這個圖像是堅定不移的事實。我提醒同學，我們不只要學習新知，更重要的是要反省為什麼我們以前不覺得非洲的面積有那麼大？這樣的地理知識是怎麼建構起來的？是如何受到麥卡托投影地圖的影響？學習因此不是外在的，而是與自己對話。

● 廣告上的地圖、臺大學生用杜鵑花瓣排成的地圖，正是主流思維中對世界的想像。畢恆達攝。

本書分為四個部份，從觀察、體驗、詮釋到參與空間。第一章
「觀察空間」首先介紹日本的考現學與路上觀察學，以及觀察
空間線索的諸多方法。讀者可以試著觀察捷運上乘客手握拉環
有哪些手勢？（身體語言）計算一下高鐵車廂內分別有幾個人
在看書、聊天、睡覺，或玩手機？（是否手機已經取代了書
籍？）看看體育課班上同學所穿的球鞋，除了Nike、Adidas、
Puma等大品牌之外，其他品牌各有幾雙？（我們可以從品牌
中逃脫嗎？）腳踏車專用道的標誌，有幾種長相？這是怎麼回
事？也可以自選一個主題，拍十張照片，例如條紋或者都市中
的祕密花園。

● 你可曾觀察過，捷運乘客手握拉環時，有多少種姿勢？

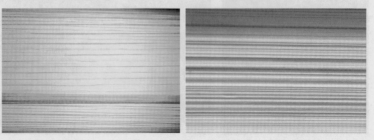

● 一樣是條紋，也可以有千萬種變化。左為燈罩，右為書籍側邊。（陶詩韻攝）

● 一樣都是腳踏車專用道標誌，卻有多種不同的模樣。

● 通風扇像不像酢漿草？商店中陳列的安全帽，像不像修剪過後的庭園樹木？

第二章「體驗空間」進一步帶入不同的身體與心理經驗。〈空間認知〉講述人如何在空間中定位，並掌握都市空間的結構，再延伸至地址編排與地圖繪製。而由於我們平日過度依賴視覺來觀察空間，因此特別討論人們如何透過聲音來感知空間、聆聽都市中的各種聲音，並推介世界各地的音景（soundscape）調查與研究。

第三章「詮釋空間」在於理解特定空間是如何生產出來的？背後有哪些權力關係運作？〈差異是都市的鮮血〉一文說明現代空間設計如何從考量功能、財務，再到為了免於恐懼而設計。從都市空間安排到建築物設計，而以公共座椅達到高峰，莫不以排除（不受歡迎的）他者為目的。於是弧形與隔板成為座椅設計形式的主流。然後我分別以同志與電梯為主題，說明在仍存有污名的情況下，同志如何認識彼此，以及同志空間的象徵意義；而電影如何再現電梯這個陌生人不得不彼此分享的公共空間。

第四章「參與空間」則希望讀者在觀察、體驗與詮釋空間之外，更可以起而行，主動來改造我們的生活空間。首先可以從繪製地圖著手，用地圖來揭露各種資源分配在地域上的不平等（如二氧化碳排放、同性婚姻合法國家等），進而利用地圖來改善日常生活（如無障礙空間地圖、性別友善廁所地圖）。然後，介紹世界各地不同的「玩」空間的方法，翻轉規劃設計師對於都市空間的界定，讓生活充滿樂趣，並反省身體與空間的親密關係。

《空間就是想像力》適合從小學生到社會人士閱讀，希望讀者從文本以及作業實例中得到靈感與啟發，自行發想議題，實地觀察演練。即使不是專業建築師或都市規劃師，但每個人都可

以有觀察、解讀、改變空間的能力與熱情。讓想像力奪權，給予我們每日生活空間更多樂趣、更富人性。

教學相長是教書人最大的享受與回饋，感謝十幾年來曾經修習與旁聽「人與環境關係導論」課程的學生，你們高水準的作業給我莫大的啟發。由於篇幅限制，加上有些畢業生已經失去聯絡，或者古早的照片畫質不足無法印刷，因此只能挑選其中幾個作業放在書中與讀者分享，刺激讀者的想像力（謝謝修課學生冠宏、道沄、芸竹、莞之、玉霖、思妤、帛延、詩韻、心穎、子宸、淳翰）。我自己在撰寫此書的過程中，也乘機假想自己是修課學生，寫了幾題作業。感謝作家鴻鴻、藝術家邱國峻慨然應允將其作品轉給本書使用，好友王志弘分享了其課程「叛民城市」的研究成果，以及育誠、喀飛、小向、毓嘉、岳明、小豪、佩吟、嘉俊、盈志、夑凱、稚璽、地球王、默譚、承復等友人一同幫忙拍照、繪圖、寫作業。出書前，我在臉書上徵求書名票選以及書中諸多議題的照片，得到許多好友的支持與回應，銘感在心，就不一一在此列名。心靈工坊的總編輯桂花促成了空間三部曲的成形，編輯過程中心宜、子欽、乃賢、文龍大力幫忙，一併感謝。學者作家吳明益以其一貫博學、認真而深情的筆調，為此書撰寫一篇深具啟發的推薦序，讓人感動。

請隨著書頁開展，讓想像力飛馳。遊走城市時，留意都市空間中的文字（如字型與招牌、標誌的性別意涵）、邊緣族群會在哪些空間出現（如遊民、舉牌人、算命仙、街頭藝人）；盡量使用不同的感官去感受、盡量想像不同的身體會有何不同的空間經驗；臺灣的空間真的醜嗎，我們可以做些什麼？就從畫一張有自己觀點的地圖開始吧！

空間就是想像力

# 目 次

## 第三章　詮釋空間

## 第四章　參與空間

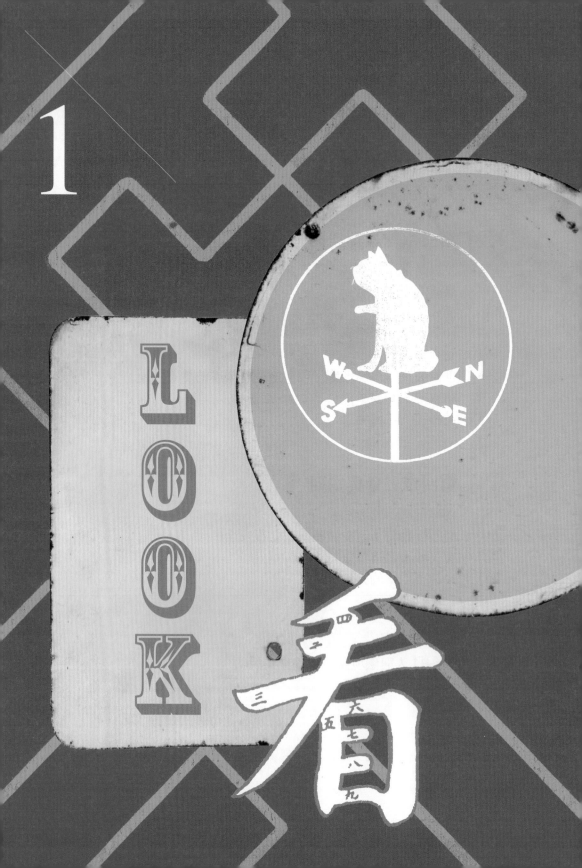

# 觀察空間

第一章

生活在熟悉的環境中，
我們對身邊的事物往往習而不察
以為這個空間「本來就是這樣」

但是換個高度、換個角度來觀察周遭，
將有許多令人驚訝的發現。

就從現在開始，
打開觀察的眼睛，發揮想像力，
重新看見我們習以為常的空間吧！

# 空間會說話

空間是活動的舞台，也是價值觀與權力運作的場域。空間會說話，只要我們習得觀察與傾聽的能力。從觀察空間，到紀錄空間、解讀空間，讓我們在空間中冒險，以想像力奪權。

在開始讀空間觀察之前，我想先介紹我們的研究方法。社會科學中，絕大多數的研究方法，包括心理實驗、問卷調查、訪談、參與觀察，都涉及研究活動本身對於研究對象的影響。研究對象知道自己正在參與一項研究，會賦予此活動特定的社會意義，並且影響其所給予的回應。即使是心理實驗，研究者經常聲東擊西，告知受試者錯誤的研究意圖，或者透過試題安排來測試回應中的矛盾訊息，受試者仍然會給予實驗情境詮釋，甚至想要擊敗（defeat）實驗。而訪談的進行與對話，更是受到雙方的社會位置、年齡、性別與種族等影響。無干擾或非介入性（unobtrusive, non-reactive）研究法，顧名思義，意旨在不干擾研究對象的情況下獲取資料，也就是說研究對象的活動進行並未受到研究本身的影響。此類方法包括實質環境軌跡觀察、（私人與公共）檔案研究、隱藏式觀察等。它的好處是所獲取的資料未受研究自身的影響，但是如果只依賴研究者的詮釋來解讀這些資料，又恐有過於主觀、任意之嫌。因此，無干擾研究法經常會伴隨其他如問卷調查、訪談等研究法一起進行。為配合本書主題，以下的討論將集中在實質空間與行為的觀察。

講到觀察，19世紀英國作家柯南‧道爾筆下的福爾摩斯神探，有許多值得我們學習的地方。以〈藍枳榴石探案〉（臉譜出版）為例，一頂非常普通的黑帽，福爾摩斯卻觀察入微：「帽子的形狀是普通的圓形，質硬且幾乎不能再戴。襯裡是紅絲料，但顏色褪得很厲害。沒有製造者的名字；但是，有H.B.兩個縮寫字母潦草寫在帽子內側一邊。帽緣有一個扣帽環，但鬆緊帶不見了。其餘可見的就是：它破了，上面灰塵很多，有幾處污漬，雖然有些地方想用墨水塗抹以掩蓋褪色」。更厲害的是，他可以從上述的物理現象，得出許多有趣的推論，做為進一步辦案方向的線索。他從帽子裡的髮絲與味道，推斷帽子的主人「中年，有灰頭髮，而且最近幾天才剪過，用的是蘭姆味髮霜。還有，他屋子裡極不可能裝了煤氣」；從帽子的流行式樣，推斷主人的經濟走下坡，因為「這頂帽子是三年前流行的式樣，質料非常好。如果三年前買得起這樣的帽子，而以後就再也沒有換過帽子，可知他是每下愈況」。此外福爾摩斯認為「他用墨水塗抹來掩蓋污漬，可見尚未完全失去自尊心」；「內側的濕跡證明他出汗很厲害，身體狀況可能不好」；「這頂帽子有好幾個禮拜沒有刷過了，積了一個星期的灰塵，恐怕已經失去妻子的愛了」。這些推論還需要更多的證據支持，但是指引了有趣的調查方向。

韋伯（Webb）等研究者指出，儘管福爾摩斯的故事人盡皆知，但是物理證據（包括物件與空間）卻一直是受到社會學者低估的資料來源。若能與其它方法併用，可以帶給研究莫大的助益。他們將實質環境軌跡觀察（observing physical traces）分成磨損（erosion）與遺留（accretion）兩大類。磨損指的是物理空間會因為活動而損耗，例如積雪中走出腳印、銅像因眾人觸摸而發出光澤、廟前石椅磨損的程度提供哪張石椅較受歡迎的訊息。遺留指的則是活動過後，會留下物品或改變空間的安排，例如聚會後散落滿地的煙蒂與啤酒瓶。

● 紐約市華納中心的大廳矗立兩尊由伯特羅（Fernando Botero）設計的亞當與夏娃銅像，由於亞當的生殖器剛好與成人的臉同高，路過的行人都忍不住摸它一把，以致於那裡閃閃發亮，中心還得定期補色。有遊客說摸它有助於增強性能力，也有人說亞當的寶貝很小，讓人覺得有自信。亞當也成為朋友約會見面的地標。藝術家則表示，遊客願意與亞當互動是一件很棒的事情。

● 臺灣大學女生宿舍周邊有高聳的圍牆，牆上還佈滿碎玻璃。這裡是國外友人來臺大參訪的重要景點。他們曾猜想這是監獄嗎？還是機密資料庫、機房重地、聯考闈場？他們很難想像為何要將大學女生如此層層保護，同時也是監禁。

● 官方訊息包含了禁止標誌，如禁止攀折花木、禁止蹓狗等等。

● 出現在公共空間的男女廁所標誌。

● 不合法的訊息，如鐵皮圍牆上常見的小廣告。

環境社會學家柴首（Zeisel）針對實質環境軌跡提出更有系統的觀察方式，他將觀察對象分成四類：活動的副產品（by-products of use）、為活動而調整空間（adaptations for use）、展現自我（displays of self）、公共訊息（public messages）。

活動的副產品包括上述的磨損、遺留，以及缺席的軌跡（missing traces），例如陽台上沒有座椅、研究室門上沒有名牌、牆上沒有全家福照片。它提醒我們除了要看有什麼之外，也要注意沒有出現的東西。

關於為活動而調整空間，則可以觀察道具（props），如窗台的花架；分隔（separations），如公園門口阻擋機車進入的路障、女生宿舍圍牆上的鐵絲網與碎玻璃；連結（connections），如剪斷公園的欄杆讓人可以穿越進入、放置磚塊與椅子方便翻牆而過。

展現自我包括個人化（personalization），如宿舍牆上的功課表、照片、海報、絨毛娃娃；身分證明（identification），如門牌號碼；群體認同（group membership），如代表同性戀認同的彩虹旗、美國住宅前院的聖母像。

公共訊息則包括官方（official）訊息，如捷運月台的黃色警戒線、禁止標誌、廁所標誌等；非官方（unofficial）訊息，如私人張貼的禁倒垃圾的紙條；不合法（illegimate）訊息，如塗鴉、小廣告。

觀察實質環境軌跡的方法非常多樣而有趣,可以刺激我們的想像力,也增添研究的樂趣。例如從汽車擋風玻璃上蟲子被撞死的樣子,可以推斷當時的車速;從美術館展覽櫥窗玻璃上指紋與鼻印的數量與高度,可以推估展覽受歡迎程度以及觀眾年齡層的分布;從教科書上的摺角、指紋、筆記,書本側面變髒的頁數,可以知道讀者是否認真閱讀該書;樹木的年輪不只告訴我們樹齡,也傳遞了歷年氣候的訊息;世界各大都市愈來愈多的弧形、有隔板、會自動收起的公共座椅,反映出新自由主義都市治理的排他美學;還有研究者不必做收視率調查,只要打一通電話給自來水廠,詢問電視廣告時間水位瞬間降下的刻度,就可以知道美式足球世界盃轉播與總統候選人辯論會,那個電視節目觀眾比較多(因為節目一進入廣告,觀眾馬上衝進廁所使用抽水馬桶)。

1978年,臺灣大學學生默譚就曾經使用空間觀察法研究臺大校總區自然生成的小徑。小徑生成的原因係有共同傾向的人潮日積月累踐踏草坪,導致草皮無法再生。他歸納出五點原因,包括無路、原路不合理、捷徑、情人道、高差或水溝。人們因偷懶而走捷徑,卻也因不願意費力跨越地面高差,而寧願繞路。他又將小徑演化的過程分為少年期、壯年期、晚年期,討論草坪上的小徑如何發跡、愈走愈寬,最後管理當局就地合法將之加上鋪面改建成合法步道。他也發現,如果走出小徑是為了縮短路途,為何有些小徑並非直線?下雨過後的地面觀察給了他答案,原來彎曲的小徑是人們為了繞過積水的水坑而走出來的。

● 這是1978年臺大土木系系刊，專題探討臺大校園內被學生踏走出來的各種小徑，並將這些自然生成的小徑畫成地圖。

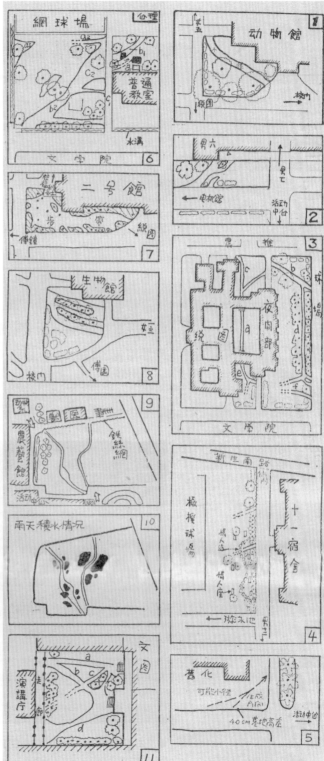

## 從觀察社會來研究空間

臺灣的趨勢觀察家詹宏志,在《城市人》這本書中,提出7-Eleven社會學,認為超商中商品的進與出,反映的其實是某種生活方式的新生與死亡。例如豬鬃刷子為何在市場消失,是因為有一種生活方式先死了。也就是我們的生活中失去了像灶台、水泥地、紅磚牆這樣「凹凸不平的表面」。他把他的方法稱為「事物進出檢查閱讀法」,亦即「在一個『定點』觀察事物的進與出,從其中排比出有意義的解釋來」。我們可以嘗試觀察,在超商逐漸取代了傳統雜貨店的過程中,有哪些東西以前的雜貨店不賣卻可以在超商中找到,例如咖啡、冰塊等;又有哪些東西雜貨店中有但超商不賣,例如蒼蠅拍子、竹掃把、竹竿等。原因為何?他還觀察到碳水飲料的包裝有很長一段時間維持在600cc的玻璃瓶(如黑松汽水),後來慢慢過渡到鋁箔包(250cc)、鋁罐(330cc)與超大保特瓶(1000cc至2000cc)。這個變化並非來自於包裝材質與技術的改良。他的

● 過去經常看到的600c.c.汽水瓶,現在已不多見。(黃適上攝)

解釋是，在早期飲料是奢侈品，所以通常是有客人拜訪的社交場合才會飲用，0.6公升剛好夠主客「四杯共飲」的分量。後來飲料逐漸普及，於是往兩個方向發展。一種是個人化、供獨飲的易開罐，讓飲料從滿足別人轉移到滿足自己。另一種是超大保特瓶包裝，讓全家人隨時可以取用，我們也從此遠離白開水時代，進入糖水的年代。於是呢，商店裡飲料的容器，其實訴說的是我們家裡共同發生的故事。

我在紐約就讀環境心理學博士班的時候，曾經就自己所居住宿舍中的社會互動進行研究。該宿舍位於一幢舊旅館的四個樓層，每層的平面格局幾乎一樣。然在入住一個學期之後，各樓層社會互動有了很大的差異。我除了訪談之外，也對公共空間進行觀察。社會互動較多的樓層，走廊上學生張貼的各種海報較多、房門打開的比例也較高，其唯一的公共空間：廚房更是不同。走進廚房，可以在餐桌上看到學生各自捐出的報章雜誌，洗碗槽上面也有公用的抹布、洗碗精、碗筷、調味料等供人隨意取用。主牆上張貼一張世界地圖，上頭插上了十幾支五顏六色的圖針，分別代表該樓層學生所來自的國家。側邊的牆上則貼有美術館與學校的活動海報。反觀社會互動低的樓層，廚房的門上張貼一張警告標語：「請勿甩門以免發出聲響」，餐桌與洗碗槽上空空如也，倒是也貼了一張紙，上書：「請勿隨意丟棄廚餘以免水槽阻塞」。牆上有一張海報，細看之後，是一張有關中南美洲政治的新聞報導，上面有幾則匿名的謾罵塗鴉字語。從這些觀察，可以看到公共空間一方面傳遞了該樓層學生的社會關係，一方面也重新形塑與建構了其社會互動。

人只要維持生存就會製造垃圾，而「人們所擁有的與所丟棄的，往往比他們自身更能精確、詳盡、真實地說出他們所過的生活」（出自拉舍基與墨菲〔William Rathje, Cullen Murphy〕的著作《垃圾之歌》〔*Rubbish! : The Archaeology of Garbage*〕）。搜尋犯罪證據的執法人員向來是垃圾研究的高手，從嫌疑犯的垃圾中找到毛髮、牙刷、發票，因而破案的實例時有耳聞。更有警察臥底擔任清潔工蒐集垃圾多年，因而破獲販毒集團的前例。名人（如張愛玲、約翰・藍儂等）的粉絲之中，也有人著魔似地翻撿並蒐藏其偶像的垃圾。然而真正讓垃圾研究成為社會科學的研究領域，要歸功於拉舍基與墨菲所組成的團隊。他們鎮日在實驗室中與垃圾為伍，將垃圾分類、瀝乾、稱重、測量體積、填表、計算，企圖從垃圾了解它的主人。累積多年研究下來，垃圾研究的結果經常與我們「想當然爾」的常識相悖。例如，埋在垃圾掩埋場的一條熱狗，十年後還存在嗎？當食物短缺的時候，我們會比較節儉還是浪費？像食物、清潔用品等都有大小包裝之分，包裝愈大其單價就愈低，是窮人還是富人比較會購買大包裝呢？電腦革命是否讓無紙文化的時代來臨？免洗尿片與布尿片，哪個對環境的危害較大？進行垃圾研究的時候，也要提醒注意研究常見的

● 《垃圾之歌》書影，時報文化出版。

誤差，例如保險套很可能丟入抽水馬桶沖掉了；在傳統市場購買的蔬菜肉類，不像超級市場有內容標示完整的標籤；有些家庭的食物垃圾因為有廚餘處理機而流入下水道了等等。

## 記錄空間的方法

行為圖示（behavioral mapping）是由環境心理學家所發展出來的記錄與研究空間行為的方法，用以分析在一特定空間與時段中使用者的行為模式。它包含幾個重要元素，（1）準備一張研究基地（如車站等候室、公園）的平面圖（標示比例尺），並且經由數位繪圖板（digitizer）將平面圖數位化，存入電腦。（2）界定所欲觀察、記錄、計算的行為，可能包括坐臥、閱讀、談話等靜態活動，以及行走、慢跑、騎腳踏車等動態活動。也可以將行為區分為個人或互動的。（3）決定重複觀察的時間。要先了解該空間行為如何受到一天早晚、天候、季節、假日的影響，最好能夠比較不同時段的活動模式。活動的穩定度低、變化速度快的時候，觀察的間隔就需愈短。（4）發展一套記錄與計算的系統。由於要在很短的時間內記錄大量的活動，因此要有一套速記系統，來記錄性別、年齡、行為類別，甚至身體的朝向、眼神等資料。這些資料也透過數位繪圖板輸入電腦，將來就可以依據所需進行統計運算。（5）找到制高點，進行觀察。依據基地的面積大小、其間的使用者人數，以及活動的複雜程度，決定觀察者人數；盡量找到一個不影響基地活動進行，而能綜觀全局的位置。

行為圖主要可以區分為地點中心（或定時）與使用者中心（或貫時）兩種。以地點為中心的行為圖，記錄了在某一特定時間中基地上人們與活動的分布。從這張圖可以看出不同人群的互動關係、不同地區中活動的密度、行為與空間特質的關聯等，但是將不同時間觀察的行為圖重疊之後，我們仍無法判定某一特定使用者在基地中停留的模式與長短。以使用者為中心的觀察，又稱追蹤（tracking），就可以記錄某個人在基地中的行為過程。網路經常流傳一張帶有性別偏見的圖，圖中紅線代表女性，藍線代表男性。任務是：到百貨公司的某個專櫃購買一條長褲。結果呢，男生花了6分鐘、33美元完成任務；女生花了3小時26分、876美元才完成任務。藍線像英文字母的N，簡短有力；紅線卻像毛線球，把整個百貨公司都繞遍了。用相同的邏輯，只要將任務改成到光華商場某家店購買一個隨身碟，相信藍線與紅線很有可能剛好對調。這種圖就屬於行為圖中的追蹤。

## 任務：到光華商場，買一個隨身碟

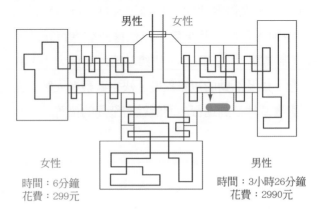

男性　　女性

女性
時間：6分鐘
花費：299元

男性
時間：3小時26分鐘
花費：2990元

● 戲謔地將兩性的購物行為（時間、路徑）畫成圖，並不是嚴謹的調查，但可視為追蹤研究的例子。

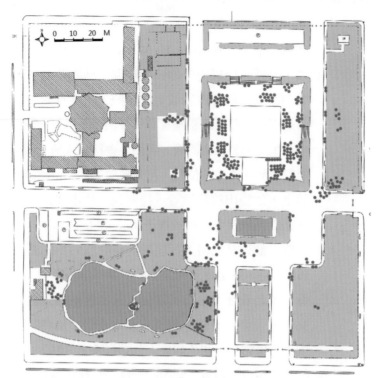

● 定時研究的圖例，將使用者在空間中的分布標示出來。（黃婓凱繪製）

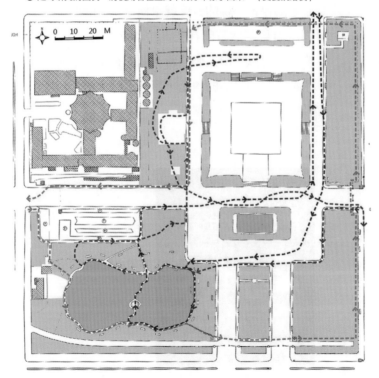

● 貫時研究的圖例，追蹤使用者的移動路徑。（黃婓凱繪製）

威廉‧懷特（William H. Whyte）是一位著名的環境心理學家，長期研究紐約市的公共空間。他在公共空間附近的制高點架設攝影機（錄影或定時拍照），進行無干擾的空間觀察（是否侵犯路人隱私確實有些爭議）。舉例來說，他觀察到許多市民走進公共空間後，習慣性會移動座椅，調來調去，很可能還是放回原來的位置，可是他會對這個位置感到滿意。在理論上，他提出給使用者「控制感」的重要性，在實務上他建議公園要放置可移動的椅子（movable chair），而不是固定的座椅。他也發現路人行經紐約曼哈坦53街的派利公園（Paley Park）時，總是會受到公園中的瀑布牆所吸引，停下來、看一看，不自覺地就踏上了階梯。這四層階梯高約12公分、深約36公分，姿態優雅，邀請人進入公園。懷特設計一張記錄的圖表，橫軸是時間（如早上九點到晚上三點）、縱軸是該基地的分區與位置編號，圖中的一條一條線代表有一個人在某個特定地點停留，線的長度就是他停留的時間。從這張圖中，可以同時看見某個時間在空間中的活動分布狀況，比較其使用密度，又可以看出人們停留時間的長短。他的研究成果不僅豐富了都市公共生活的內涵，而且具體改變了紐約市的開放空間容積獎勵規定的設計準則。

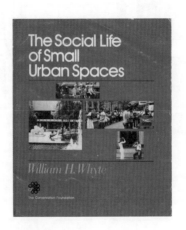

● 懷特的著作《The social life of small urban spaces》書影。

● 紐約市派利公園（Paley
Park）的瀑布牆和階梯，邀請行
人入內小憩。

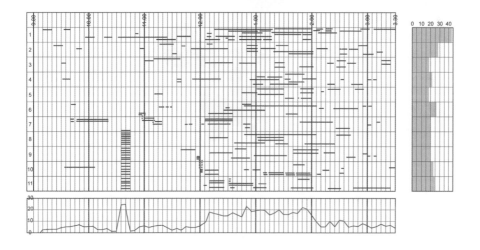

● 環境心理學家懷特所設計的記錄圖表，橫軸是時間、縱軸是該基地的分區與位置編號，圖中的一條一條線
代表有一個人在某個特定地點停留，線的長度就是他停留的時間。

**延伸閱讀**

拉舍基與墨菲（Rathie, W. L., & Murphy, C. ,1994）《垃圾之歌》
（*Rubbish! : The archaeology of garbage*）。臺北：時報文化。

Webb, E. J., Campbell, D. T., Schwartz, R. D., & Sechrest, L. (2000). *Unobtrusive measures* (rev. ed.). Thousand Oaks, CA: Sage.

Zeisel, J. (2006). *Inquiry by design: Environment/ Behavior/ Neuroscience in architecture, interiors, landscape, and planning* (rev. ed.). New York: Norton.

# 從考現學到路上觀察學

考現學（Modernology）是一種研究現代風俗和世相的態度與
方法，起源於日本。相對於透過考察遺址與器物以理解古代
社會與文化的考古學，考現學聚焦在觀察日本現代都市的建
築、民情與風俗。考古學借用歷史學的理論與方法，考現學則
以社會學作為研究的輔助。考古學者考察已經消逝的他者物質
文化，考現學者本身則就是現代文化的一員。因此，考現學在
時間向度上與考古學區隔（現代vs.古代），在空間向度上與
人類學民族誌有所不同（現代都市vs.原始部落），在方法上
與心理學存在差異（自然觀察vs.實驗設計）。考現學關心的
是整個社會的生活狀態，而非個人的行為與選擇，因此著重於
大量資料的統計與比對。

考現學的開山祖師今和次郎為著名的民俗學者。他與舞台裝
置家吉田謙吉目睹1923年關東大地震後東京的崩毀與重建，
開始關注地震如何影響了東京下町（老社區）的生活環境。
地震破壞了原有的風俗文物，城市一切歸零從頭開始。物質
文物要如何復原，行為秩序要如何重建，引發今和次郎的興
趣。他們記錄、描繪與計算街道生活中各種新鮮的事物，例如
人孔蓋、店家貨品陳列、雨樋與柵欄、路人的服飾與動作、公
共澡堂入浴的行為等。他們認為社會是混亂而流動的，人們只
能掌握片段，追尋它變動的軌跡。雖然不一定有建構理論的企

圖，但是考現學承襲了日本傳統上窮究與細緻化資料的研究精神，為時代變遷留下珍貴的記錄。例如，多年以後，有研究者想要瞭解日本男人與女人服飾西化過程的差異時，當年觀察留下的記錄（街頭路人穿著傳統和服或西服的比例），就成為分析以及提供解答的最佳資料。

1970年代日本前衛藝術家赤瀨川原平提出「超藝術」的概念。他與松年哲夫、南伸坊等人共同發現了「建築物上保存下來的無用卻頗富意味的多餘物件」的價值，進而有系統地觀察與記錄城市中看似無意義存在的事物。超藝術又稱為「湯馬森（Tomason）藝術」，此乃因為當年讀賣棒球隊從美國大聯盟找來第四棒凱力‧湯馬森來接替王貞治的位置，沒想到他毫無威力，屢遭三振。於是「湯馬森現象」就成為「無用卻漂亮的多餘物件」的代名詞。而湯馬森藝術的精神，就是製造者並不認為其為藝術，但觀察者發現並認定它為藝術。如果以超藝術的觀點來閱讀城市，城市就變成一個充滿藝術品的大型戶外美術館。

1986年，今和次郎的《考現學》重新出版，影響了赤瀨川原平等人重新回看超藝術發生的70年代，那也正是現代化不斷摧毀舊有都市街道風貌的年代。這種劇烈變遷，彷彿就是一場小型的關東大地震。然而考現學在80年代已經流於通俗化與商業化，餐廳食物評比、賓館評鑑都被稱為考現學。考現學成為一種時髦的流行語，表面上看起來是風俗觀察，實際上卻是商品包裝與行銷的一部分。赤瀨川等人於是在1986年成立「路上觀察學會」，並出版《路上觀察學入門》，強調路上觀察本身的趣味與無用，來對抗商品消費的文化。藉由步行以及新的眼光，他們揭露了與建築師或歷史學家筆下全然不同的城市樣貌。

路上觀察學以考現學為師，觀察的事物也包羅萬象，從路人穿著、女子高中生制服、破掉的茶碗、街頭狗大便，到市招與街道家具。他們不像都市與建築學者，從整體秩序的觀點來解碼城市，轉而關心從整體中逃逸的無用與無意圖的物件。例如拆除建築之後遺留在隔壁建築牆面上的痕跡、以廢棄的電視機櫃改裝而成的雞舍。從在路上行走時偶遇的有趣物件開始，解放我們的視覺感官，進而讓城市空間成為私房景點。1980年代末隨著日本泡沫經濟的破滅，風俗觀察成為全民運動。家庭主婦、失業男子紛紛走上街頭觀察。各種路上觀察的雜誌、電視節目應運而生。意外地，因為路上觀察的風潮，也使得社區的小偷減少了。城市在他人眼裡，不再是投機的商品，而是發現藝術的樂園。

● 《考現學》書影。　● 《路上觀察學入門》書影。

## 開放心胸，來觀察身邊的空間吧

兒童總是喜歡注視變幻的雲朵、豔麗的蜂蝶。教導幼兒學習英文字母，除了聲音：A for apple, B for boy之外，兒童繪本也經常使用具體的形象來引起幼兒的學習興趣，例如，A是地上的支架，B是切開的蘋果等等。如果保有童趣，我們確實可以發現，空間中存在許多英文字母、阿拉伯數字、動物的臉。這個層次的觀察，不牽涉任何空間的理論概念，只要放開心胸，多數人都可以看見。

**延伸閱讀**
Faces in Things臉書　https://twitter.com/FacesPics

# 空間中的阿拉伯數字

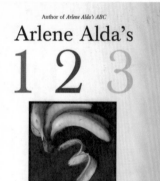

Author of *Arlene Alda's ABC*

Arlene Alda's
1 2 3

What Do *You* See?

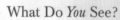

空間中的英文字母

# 空間中的臉

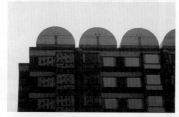

# 臉的故事（作者：劉冠宏）

如果 在 春天，一個妙齡女子，絞眉長睫毛，看著遠方，在等什麼。

**1**

來了來了！ 瞧 眼 一 瞧

**2**

原來是個禿頭大叔，顯渣恨性感瘤！

**3**

他說：「你化妝起來是很美麗，櫻桃小嘴，水汪汪的眼睛，濃密的上下睫毛。」

**7**

但是卸了妝後卻兩眼大小不一樣，皮膚 又 糟糕。

**8**

我 們 分 吧 說完大叔就轉身，甩著老高的瀟洒離開

**9**

還有蒼勁的眉毛。

可惜鼻毛沒修好。

大叔表情有點怪，兩眼閃爍，露出朝天鼻。

4　　　　　　　　5　　　　　　　　　　　　6

眾珠路三段
158號

別哭啊大姐，妝都哭花了。

哭累了，大姐也睡著了。

10　　　　　　　　11　　　　　　　　　　　　12

1.如果在春天，一個妙齡女子，紋眉長睫毛，看著遠方，在等什麼。2.來了，來了！她兩眼一亮。3.原來是個尖帽大叔，鬍渣很性感喔！4.他還有蒼勁的眉毛。5.可惜鼻毛沒修好。6.大叔表情有點怪，兩眼閃爍，露出朝天鼻。7.他說：「你化起妝來是很美麗，櫻桃小嘴，水汪汪的眼睛，濃密的上下睫毛。」8.「但是卸了妝後兩眼大小不一樣，皮膚又糟糕。」9.「我們分手吧！」說完大叔就轉身，甩著老高的瀏海離開了。10.只留下女子張大雙眼說不出話來。11.別哭啊大姊，妝都要花了。12.哭累了，大姐也睡著了。

# 海報牆：是斑駁，還是繽紛？

o de libros

BILBAO

junio - 22

BLADES OF GLORY
KICK SOME ICE
IN THEATRES MARCH 30
BladesOfGloryMovie.com

1 暗戀

2 躲雨

3 在一起

6 不想面對世界

7 大男人與小女人

郵筒的故事（作者：徐嘉俊）

4 一起旅行

5 迷失在街頭

8 賭氣

9 依賴

10 孤單與思念

# 無處不在的名人

你觀察過，公共空間中、牆壁上、道路邊，有多少名人肖像嗎？

# 食物變身記（作者：吳道沄）

1

2

6

7

8

1.玉米可以開出盆栽上的小黃花

2.胖一點的小芋頭可以充當黃金鼠小寵物

3.瘦一點的小芋頭可以寫毛毛蟲生態日記

4.鮑魚菇可以優雅如天鵝

5.大香菇可以笨重如烏龜

3

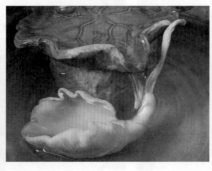

4

5

9

10

6.去皮椰子頓時輕巧地變成熱氣球飛上天

7.完整的菱角是仰頭唱歌的海狗

8.剝開的菱角是樓下鄰居的小黑狗

9.你曾想過非常台灣味的蕃薯與黃耆，能帶你乘著駝鳥背體驗非洲的夕陽？

10.或是想過綠花椰可以在露營時，為你帶來一片貼心的陰涼？

# 追趕跑跳碰！：標誌中男人動作

No litt

禁止
高爾

No pla

nals

Park Use Policy

当心坠

EMERGENCY
Emergency Shower/Eyewash

緊急沖淋洗眼器

本產品通過 ISO 9002 驗証

# 公共標誌的性別想像

曾經有一則新聞,報導一位老婦人搭乘臺北捷運多年,因為年邁走路較慢,每次在人潮中搭乘速度頗快的電扶梯,總是心驚膽跳。她為何不搭乘升降電梯呢?因為她以為電梯是只准男性搭乘的。我們來看看電梯的標誌,為什麼把男廁標誌放進一個方框裡,加上箭頭,它就成了電梯標誌,這不是很奇怪嗎?記得有次我尿急,在捷運車站看到電梯標誌及其下「50公尺→」的符號,確實有那麼一瞬間以為廁所就在前頭。設計者在主觀上也許沒有歧視女性的意圖,但公共標誌人形符號整體看來存有性別偏見則是不爭之事實。這個標誌的合法性建立在「男人的身體是普同的身體、而女人的身體則是『她者』」之上。

環顧生活周遭的各種公共標誌,如果圖中有人形的話,幾乎都是以男性身體來代表所有人。女性的身體只會出現在某些特殊情境中。除了女廁、哺乳室與博愛座的孕婦標誌,是為了標示出生理女性專用外,其他特意使用女性身體(裙裝)的標誌,大致上可以歸為以下幾類:

(1)女人作為照顧者:只要標誌中的大人身旁有嬰兒／兒童,這個大人就會自動穿上裙裝,例如百貨公司電扶梯入口禁止推嬰兒車的標誌(女人推嬰兒車)、中國九廣鐵路火車上呼

● 為什麼把男廁標誌放進一個方框裡,加上箭頭,它就成了電梯標誌?

● 服務生的標誌,為什麼是穿裙裝的女性?

● 只要身旁出現兒童,大人身上的長褲就會自動變成裙裝。

叫服務生的按鈕(端著高腳酒杯的女性)。最富戲劇性的,
莫過於臺北捷運電扶梯入口側邊上的「使用電扶梯須知」標誌
了。三個連續動作的圖片,第一張是「緊握扶手」,接下來是
「靠右站穩」,第三張是「照顧孩童」。然而,前二張的人形
都是褲裝,第三張的人形卻馬上變身穿著洋裝,只是因為身旁
出現需要照顧的孩童。

（2）需要協助：臺北捷運與高鐵的「物品掉落時請洽站務員」標誌中，需要幫助的乘客是女性，站務員則是男性。這個標誌的左邊經常還有「請禁入軌道區，違者重罰」的標誌，但是畫的褲裝人形。「兒童走失」的標誌中，也是身著裙裝的女童正在哭泣。

（3）危險：臺北捷運驗票閘口「小心夾手」的標誌中是個小女孩；建築物電梯中緊急事故應變的標誌中，從電梯跌落的是女性。這些實例與國小教科書的插圖如出一轍。國小教科書中教導學童安全與危險行為的課文，插圖裡會從事危險行為（如單手騎腳踏車、在走廊上奔跑、用球丟人等）的都是男學童，然而最後真的受傷（如跌倒、被刀割傷流血）的，卻都畫成女學童。

臺北捷運的「夜間婦女候車區」也是一個有趣的實例。它一開始的英文是Nighttime Safeguarded Waiting Zone，與國外的標示相同。也就是說，車站的夜間安全候車區，在全世界很少看到會有「婦女」兩字。因為夜間候車，男女老少都需要安全，因此將乘客集中在有監視、照明，離逃脫出口較近的地區。臺灣將中文名稱特別標誌「婦女」兩字，是何用意？沒多久，這個標示的英文竟修改成Waiting Zone for Female Passengers at Night。最近有些車站中文如舊，但是英文又改成Safe Waiting Zone。

（4）購物：臺北車站站前地下街與中山地下街的標誌，都是手持購物袋的女性。

這些實例說明了男人的身體（同時意味著普同的身體）可以適用在各種活動與規範上。換句話說，男廁標誌上的身體，也出現在絕大多數其他公共標誌。但是有些領域卻隱含專屬於女

● 需要幫助的乘客是總是畫成女性，站務員則總是男性。

● 臺北捷運驗票閘口「小心夾手」的標誌中是個小女孩。

● 從電梯中掉落、需要救援的，也是女性。

● 夜間候車，男女老少都需要安全，因此夜間候車區英文為 Nighttime Safeguarded Waiting Zone。臺北捷運沿用同樣的英文，中文卻譯為「夜間婦女候車區」。沒多久，這標示的英文竟修改成 Waiting Zone for Female Passengers at Night。最近有些車站中文如舊，英文則改成 Safe Waiting Zone。

性，例如照顧孩童、服務、購物、意外與求助。它清楚展示了既有的公共標誌並非客觀中立的設計，而其中人體的性別安排也絕非偶然。它預設了我們對於女人的特殊要求與期待。

基於此種思考與反省，瑞典與奧地利的維也納為了對抗既有的性別歧視，發起公共標誌的改善運動，啟用有別於傳統的標誌圖形，例如博愛座上有男人抱嬰兒的圖形、緊急逃生口標誌中有留長髮著裙裝奔跑的女人、男廁有男人幫小孩換尿布的指示標誌、道路上「施工中」標誌裡是手持工具的女人。此種嘗試雖然頗富爭議，卻讓我們對每日生活空間公共標誌中的性別圖像，不再視為理所當然。

設想一下，如果大多數公共標誌中的人形皆為穿著裙裝的人形，唯有照顧孩童、購物、求助的人形為與男廁相同的人體，則大眾的認知與感受會是如何？當然，如果一個社會已經可以坦然接受各種跨性別的身體與穿著，則標誌的性別也就不再是問題。不過前提是，用褲裝人像標示男廁、裙裝人像標示女廁的標誌系統，就也要廢除、修改了。

●臺北車站站前地下街與中山地下街的標誌，都是手持購物袋的女性，彷彿購物是女性專屬的活動。

# 博愛座

絕大多數國家的公共運輸載具上都設有博愛座，不過在國外
通常稱之為「優先座」（Priority Seat）（西班牙使用「保留
座」〔Reserved Seat〕），到了臺灣，不知為何就變成「博愛
座」。優先指的是身體狀況較弱，有特殊需要的人可以優先使
用；博愛卻是訴諸人的同理心與道德感。博愛座的說明文字有
的是訴求有需要的人，如香港的優先座寫的是：「有需要人士
可優先使用此座位」。訴求一般人的，又有兩種表述方式，一
種是正面的請讓座，一種是負面的請勿占用。日本優先座標誌
的文字為：「請讓座給有需要這個位子的乘客」。香港捷運是
「請讓座給有需要人士」。臺北捷運則兩種並陳：「請讓座給
老人、行動不便、孕婦及抱小孩者」、「非老人、孕婦、行動
不便及抱小孩者，請勿占用博愛座」。可優先使用此座位的人
士，臺灣通稱之為「老弱婦孺」。「弱」指的是長期或短期的
身障人士，而「婦」指的不是一般女性，而是孕婦。

博愛座的基本精神應該是每個座位都是博愛座。目前使用不同
顏色來標示特定位置（如距出入口較近者）為博愛座只是權宜
之計，因為因身體不適而需要座位的人數，有可能超過博愛座
的數量。且誰才屬於「老弱婦孺」的範圍，更是難以清楚定
義。前晚熬夜趕作業的大學生，相較於清晨搭公車到郊外爬山
的老人，誰更需要座位？臺灣媒體就經常報導因為爭搶博愛座

而彼此謾罵甚至大打出手的事件。我還聽過一個實例,非常不可思議,一位年輕女性竟然要求孕婦讓位給她,她告訴孕婦「你應該要坐博愛座,因為一般座位是給一般人坐的」。

老弱婦孺有時難以從外表直接判斷,也因此經常上演相互禮讓的戲碼,造成熟男因為被讓座而不禁懷疑自己外表有這麼老嗎?或是年輕女性遭誤認為孕婦而被禮讓座位,暗暗感嘆難道自己小腹看起來真的那麼大嗎?我倒是覺得如果有人好心讓座,就接受吧。不要讓場面尷尬,也成全對方日行一善的心願。讓座,不是因為這是博愛座,而是因為有人比自己需要。

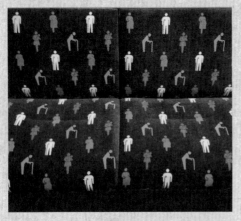

● 日本JR鐵路神戶線上的優先席,直接在椅子的布套上印著孕婦、身障者、抱孩子的人的圖案。(陳建銘攝)

● 臺北捷運的博愛座,寫著:「非老人、孕婦、行動不便及抱小孩者,請勿占用博愛座」。

● 西班牙的優先席,原文意為「保留座」。

● 香港的優先席,寫著:「請讓座給有需要人士」。(吳嘉苓攝)

● 日本優先席標誌,寫著:「請讓座給有需要這個位子的乘客」。

# 拓圖

拓印（rubbing）相較於照相，不特別倚賴視覺，而是透過手與物體凹凸表面的接觸，將物體表面的紋路或是積存的物質，記錄於另一介質（紙張）上面。早在一千多年前中國就已經出現碑文拓印了（分為乾拓與濕拓），而我們小時候也都有用鉛筆拓印銅板的經驗。「人與環境關係導論」課程的學生發揮創意，除了使用鉛筆、蠟筆、炭筆來拓印之外，有人將紙張放在椰林大道上，讓腳踏車輾過留下輪胎的痕跡；有人將紙張放在醉月湖裡，讓湖面上的雜質沈澱在紙上；有人使用大張膠帶黏貼在地面與牆上，讓其上原本不起眼的灰塵成為藝術創作的素材；也有人使用拓印取代文字來寫日記。底下是膠帶拓圖，以及另一位學生的作品，將麻將牌幻化成為美麗的風景。

● 臺大學生所採集的地面拓圖。（作者：陳心穎）

### 麻將風景（作者：林芸竹）

這是一張看似石雕，但其實是塑膠材質仿製的板凳，它陪伴我度過許多讀書的時光。大多時候它是我的椅子，坐累了、念書念煩了，它就變成我在地毯上打滾休息時的小書桌。我經常拿著鉛筆，無意義地順著板凳面一圈的凹槽畫來畫去，就好像在走迷宮一般，因此家中這麼多張同樣的椅子，就只有我的椅子凹槽處盡是黑黑的碳粉痕跡。當我在「人與環境關係導論」

● 這色彩繽紛的拓圖，其實是從板凳上採集來、以及從麻將上拓印下來的圖案完成的。

課堂上拿到「拓印」的作業題目時，腦中立即浮現我的仿石椅。於是我一回家就先把一整圈美麗的花紋拓印下來，磚紅色則是最適合這古色古香圖案的顏色。

隔天僅上午有課，中午我一如往常地與同學一起買午餐到系學會休憩。幾個同學手癢打起麻將來，對麻將一竅不通的我則在一旁觀看。雖然不懂麻將，但我很愛觀察別人打牌時的舉止反應，而且我喜歡賞玩麻將牌上的圖案，更勝於學習遊戲規則，所以連每張牌的正確唸法都說不出來。

或許正因如此，麻將對我而言就只是有花花草草、有小鳥、有橫跨四季的大自然縮影的美麗圖案，要等翻開牌面才知道自己拿到了哪一塊風景。看了一會兒麻將，當同學將風景適當地搭配在一起而贏了一局，我突然想到，何不把這些美麗的牌湊成一幅畫，就放在仿古椅面拓印成的畫框裡？

於是，我默默地離開牌局到系學會的另一角開始挑起我喜歡的牌，一條一條的花紋既像樹幹的紋路又像樹枝，像草又像葉子的牌恰巧就是茂密的樹葉，那就先種棵樹吧！樹底下總會有些小野花，麻將牌裡的圓形圖案就像是一朵朵盛開的花，一樣的圖案拓上各種繽紛的顏色，花朵的種類就更豐富了；而麻將牌裡唯一的小動物鳥兒當然不能缺席，一隻躲在樹梢唱歌，另一隻就在樹蔭下乘著微風盪鞦韆，於是這幅拓圖就誕生了！


**延伸閱讀**

畢恆達（2001）〈拓圖尋寶記〉。《空間就是權力》（頁11-22）。台北：心靈工坊。

# 電動旗手

（作者：林芷筠、李承軒、林叔君、張恩菩、王翊帆、邢淑伶、吳英楚）

行經都市的街頭，偶而會與真人大小、身著螢光背心、兩手不斷上下搖動的工地假人擦身而過。其實它們有男有女、有老有少，還有外籍兵團。相對於真人指揮的「人力旗手」，它們的正式名稱叫做「電動旗手」。不過工地的工人們，仍然普遍稱它們為假人。根據道路施工交通安全設施須知，道路施工時應依需要設置拒馬、交通錐、施工標誌、警告燈號、護欄或臨時指揮設施（如閃爍型電指揮棒、指揮紅旗或電動旗手）。在交通繁忙的路口，則需設置臨時指揮勤務人員以指揮交通，應付突發狀況；但如勤務人員有被撞之虞，又需設置電動旗手。

這些電動旗手是從哪來的呢？臺灣並沒有專門生產電動旗手的公司，大多是由工程建設相關企業兼做生產。不同公司所製造的電動旗手長相也不太一樣，唯一的共同點是頭戴安全帽、肩膀上有兩個警示燈、雙臂能搖擺揮旗、身穿黃色雨衣與警示背心。依其材質、功能項目、基座、電池續電力不同，價格從一萬元到四萬元不等。有的施工單位為了提高路人警覺，會在人偶身上大玩趣味的KUSO裝扮，將之扮成警察，或彩繪臉譜，宛如八家將。只要不妨礙風化，警方通常不管。當然業者為了吸引買氣，也會推出不同人偶造型，如打美女牌，我們甚至見過使用服飾模特兒來充當電動旗手的例子。工人長期與假人相處，帶著它們遊走不同工地，漸漸也會對它們發展出不同的情

● 在臺灣都市或鄉村的街頭，都可以見到這些提醒路人與駕駛注意交通安全的「電動旗手」。它們造型各異、有男有女，成為臺灣街頭特殊的景致。（下圖：郭育誠 攝）

緒與感情。有工人說假人不會動,所以叫它「死人」;有工人說經常要將它搬上搬下,彷彿它地位崇高但行動不便似的,所以叫它「阿公」。剛出廠的電動旗手臉色白淨,於是工人幫它們在臉上化妝、塗口紅、戴眼鏡、畫鬍子;有了感情,也會給它們取名字,如「Michael」、「保羅」或「阿勇」。由於擬人的關係,曾發生過民眾半夜時被缺了手腳的假人嚇壞而報警的事件。這個多采多姿的假人面貌是臺灣獨特的道路施工風景,經常引來民眾的好奇與關注。網路上就曾有網友建議舉辦「工地假人彩繪比賽」或「尋找最殺傑克(網友對假人的暱稱)攝影比賽」。另一位網友馬小雞則要仿效「在巴黎吻百個男人」行動,發願蒐集一百張寶島「施工男子漢」照片。

東華大學研究生陳依雯於2011年開始為假人拍攝大頭照,隨著創作不斷深入,也與工人建立深厚情感。於是她跟著工班與假人到處跑,從發現趣味開始,進而理解工人勞動的細節與辛勞。她希望藉由攝影作品,為工人的勞動處境發言。無獨有偶,公共電視記者鐘聖雄也為這些其實並沒有那麼標準化的假人所吸引,每當開車經過工地總會為之分神,留下紀錄。他甚至「每次在百貨商場看到櫥窗模特兒時,經常幻想它們脫下名牌服飾換上雨衣,戴著安全帽在工地指揮交通的樣子」(參見鐘聖雄〈它們〉http://pnn.pts.org.tw/main/2012/07/27/它們/)。

有趣的是,泰國曼谷的街頭也有設置假人,泰文為จ่าเฉย,意思是無為的警長(Dummy Cops)。民眾給它們的暱稱是:Sergeant Lazy-Pants。這些假人之所以設置,是因為有記者踢爆,曼谷街頭的警察約有四成是假警察,他們是警方花錢雇來、穿上制服的一般民眾,許多沒有經過任何警務訓練,甚至連基本法規都不懂。警方於是推出這個比真人尺度稍大、用玻璃纖維製作的可移動的「警官」(然採購是否涉及貪污,同樣

遭人質疑）。隨後則在這些面帶微笑的「警官」身上，裝置監視器（位於眼睛、肚子或手持），以嚇阻民眾，請大家注意自己的行為。監視器可以偵測駕駛的臉部與牌照，舉發超速、闖紅燈或違規變換車道。「警官」的身旁放置交通注意事項看板，監視器則記錄交通狀況以及是否有犯罪行為。若有人違規，影像便會傳回警務中心，再寄信通知懲處違規者。

● 工人會幫電動旗手打扮，畫眼鏡、塗口紅、戴假髮。有的看起來像是時裝模特兒改行到工地上班似的。
● 右下圖為泰國假人警察，身旁放置交通注意事項看板，監視器則記錄交通狀況以及是否有犯罪行為。（郭育誠 攝）

# 體驗空間

我們對空間的認知，
是「真」的嗎？

猜猜看美國＋中國＋歐洲＋印度＋
阿根廷 vs. 非洲，哪個面積比較大？

公共空間的無障礙設備，
真的幫助了身障者嗎？

就讓我們用全身的感官，
重新感覺身處的空間，
找出藏在細節裡的魔鬼！

第二章

# 空間認知

兩個小朋友進入大樓前,在入口察看大樓的平面圖,圖上有紅點標示著「你在此地」。他們搭電梯上樓拐個彎後,在另一張平面圖上察看自己所在位置,圖上又有紅點標示「你在此地」。小朋友看了,嚇出一身冷汗:「我們走來走去,他們怎麼一直知道我們在哪裡?」

人們究竟是如何在空間中標定自己所在位置,從而能夠選擇正確的路徑到達目的地呢?早期的白老鼠走迷津的心理學實驗,認為身體會對於號誌、聲、光等刺激做一連串的反應,而成功地到達目的地的經驗,會增強此刺激與反應的連結。當時有些白老鼠會不按規矩走迷津路徑,甚至嘗試翻牆。心理學家認為這些老鼠不聽話,將它放回迷津中,卻沒有深究翻牆的原因,錯失了推進認知理論的契機。等到托爾曼(Tolman)之後,才發現白老鼠學習尋找食物所在位置,並非機械式地對環境刺激給予直接反應,而是在牠走過之後,對迷津通路產生整體的概念,亦即獲得一個認知圖。這個概念後來被應用到人身上,認為個人會將日常生活空間環境中各現象的相關位置與其屬性有關的資訊,加以擷取、密碼化、儲藏、回憶及譯解。認知圖則為此等資訊所轉換成的、具體化可供個人辨識、理解及參考用的心理圖像,能影響人的行為。

都市意象，即我們對都市空間的認知圖。由於傳統的空間規劃師只關心都市的物質與歷史面向，而忽略使用者的經驗，凱文・林區（Kevin Lynch）以美國的波士頓、澤西市、洛杉磯為研究場所，要求受訪者畫下他們所知道的都市、描繪從家到工作地點的路線、說明都市中他們認為最有趣與動人的元素。從這些資料中，林區歸納出都市意象的五個元素：（1）通道（paths）：交通走廊，例如街道、人行道。（2）邊界（edges）：限制或包被的界線，它通常是線性的，但不是通道，例如河岸或圍牆。鐵道對某些人而言是通道，對其他人則可能是邊界。（3）區域（districts）：認知圖中具有共同特質的大面積地域，例如中國城。（4）節點（nodes）：主要的活動集中地，通常也是通道匯集之處，例如市中心廣場、交通轉運站。（5）地標（landmarks）：人們用來當作參考點的突出空間，可以是大尺度的華盛頓紀念碑，也可以是小尺度的尿尿小童雕像。以臺北市為例，中山南北路是通道，新店溪是邊界，西門町是區域，火車站是節點，101大樓是地標。如果以臺大校園為例，則椰林大道是通道，辛亥路是邊界、醉月湖與長興街宿舍是區域、小福是節點、傅鐘與總圖書館則是地標。

著名心理學家米爾格倫（Stanley Milgram）隨後研究巴黎與紐約的都市意象，但方法更有創意。他記錄受訪者畫下巴黎意象的先後順序，使用照片請受訪者辨識，並詢問他們如果有錢會想住哪一區？如果人生只剩下一個小時，會想逛巴黎的哪條街？如果與朋友約了見面，卻只記得時間而忘了地點，會去哪裡等人？

林區的都市意象研究，比較著重靜態視覺的規劃元素。後繼的學者，一方面增加了方向感、認同感、意義等認知面向，一方

面研究空間認知的形成過程（包括人的發展，以及認識一個陌生城市的過程演變）以及性別、階級、文化等差異。其中渥夫喜（Wofsey）等人的研究頗為有趣，他們認為某個人未來的計畫會影響其與現在所處環境之關係，也就是現在的空間認知受到對未來投射的影響。他們請大學四年級生描述畢業以後的計畫，並畫出所就讀的校園。結果發現，對未來有明確計畫（例如已經知道要到哪家公司上班）的學生，畫了世界地圖，上面用一個黑點表示他所就讀的大學。也就是說，受訪者雖然還在校園裡讀書，但是心理上他已經離開了。相反的，另外一個極端的學生，亦即對未來毫無計畫（不確定是否能夠畢業、是否要讀研究所還是工作），在意象圖中畫著自己（受訪者）朝校園招手，而他的同學則從教室窗戶露臉微笑。

空間認知受到環境（空間組織、路口數、彎度、轉彎數等）與個人特質（生命階段、性別、年齡、空間能力）或經驗（熟悉度）的影響。人們通常以自我為中心，誇大自己的城市或國家的尺度。人們也喜歡走熟悉、有趣的，而不一定是最短的路徑。同一條路，去程和回程的感受也不同：去程充滿期待，回程近鄉情怯。一般來說，空間認知經常發生的偏誤有以下幾種：（1）歐基里德偏誤（Euclidean bias）：認為世界是歐基里德或格子狀。誤認曲線是直線、以為交叉是直角、認為兩條路是平行的。（2）上位尺度偏誤（Superordinate-scale bias）：上位尺度的知識會影響（或扭曲）下位尺度的知識。想想看，美國加州的洛杉磯與內華達州的雷諾（Reno），哪個城市在西邊？這個例子也可用來證明空間認知不只是圖像，也包含象徵結構。（3）分段偏誤（Segmentation bias）：道路如果分成幾段，感覺起來會比一條不分段的道路（實際上長度相同）還要長。（4）熟悉偏誤（Familiarity bias）：誇大自己熟悉（或喜愛）地區之尺度。如我們畫世界地圖，可能會把臺灣

畫得稍大一些。

猜猜看，桃園國際機場與板橋哪個緯度比較高？會這樣問，當然事有蹊蹺。我們很可能從臺北市開車，經過板橋，然後經高速公路到桃園機場。像我都是搭高鐵從臺北經板橋到桃園，然後再轉接駁車到機場。板橋在新北市，機場在桃園縣，所以板橋應該在機場的北邊啊！這裡就出現了歐基里德與上位尺度的偏誤。事實上，開車走高速公路是往西北方向行駛，但車上的人會以為是繼續往南行駛。如果對於空間夠敏感，那麼破解偏誤還是可能的。例如，早上在桃園高鐵站搭接駁車，當時艷陽高照，心想應該坐左側還是右側的位置，才不會曬到太陽呢？如果你以為公車是往南開，很可能就會判斷錯誤。接下來如果問你：「臺灣緯度最北的機場是哪個機場呢？」一般人應該會答：「什麼，這還用問，當然是松山機場。」其實，桃園機場北端的緯度差不多與臺北市美麗華摩天輪的緯度相當，比松山機場還北。

再來一個問題，羅馬與紐約兩個城市，哪個緯度較高？紐約在美國的北邊，羅馬在歐洲的南邊；紐約會下雪，羅馬似乎不曾下雪；加上大部分人都以為歐洲與美國的緯度大致相當，因此便不假思索地回答：紐約的緯度當然比羅馬高（正確答案是：紐約大約位於北緯40°45'，羅馬則位於41°54'）。這又是一個認知偏誤的實例。

我們對於緯度的認知是如此謬誤，那麼關於面積呢？讓我們來玩13點的撲克牌遊戲。美國的面積與非洲的面積，哪個比較大？當然是非洲。那麼，美國＋中國＋歐洲（西歐、北歐、南歐）＋印度＋阿根廷幾個國家相加，與非洲比較呢？開玩笑，前者一定比非洲大得多了！但事實上，非洲的面積比前者

全部加起來的面積還要多出約50萬平方公里。這個事實嚴重挑戰我們對世界地理的認知。經過這些練習，我們除了學習到新知之外，更重要的是要問，為什麼我們以前不覺得非洲有這麼大？我們是如何受到熟知的世界地圖（尤其是麥卡托投影地圖）的影響，以至於我們對於錯誤的地理知識深信不疑。

杜正勝擔任教育部長的時候，曾經提出平躺的臺灣地圖的構想，可惜在狹隘的政黨鬥爭下，引起爭議，並以「不符閱讀習慣」理由不為內政部採納來製作官方地圖。不過，澳洲的青年學生麥克阿瑟（McArthur）卻因為無法忍受「一個國家的重要性決定於它在地圖上的高度」這個笑話，而繪製了澳洲在上的世界地圖。我們也經常認為在臺灣上面的日本是先進國家，而位於臺灣下方的東南亞是相對較落後的國家。如果從小我們習慣看澳洲在上的地圖，也許會形塑出不同的世界觀。

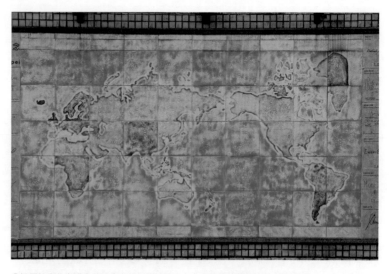

●設置於臺北市議會外的麥卡托投影地圖，右上角的格陵蘭的面積大得誇張。

空間認知的理論，也經常受到批評。現象學者認為用來解釋人與空間關係的行為論（刺激—反應論）與認知論都把人的身體視為被動的。一個是行為受到環境的控制，一個認為身體聽命於頭腦（意識），都忽略了空間行為乃是一種生活在世界中的體驗。現象學的身體主體論則認為：身體具有能智慧地指引人行為的內在能力。認知只在移動中扮演小部分角色；其他一大部分是先於認知、先於反省的身體知識。對於刺激，身體並非只被動地反應；它是主動、具有意向性的。通常是（1）錯誤發生時；（2）移動改變時，如改走側門；（3）在陌生的環境裡，認知會發生作用。想像我們在寫字的時候文思泉湧，此時並不會意識到筆的存在；一直到筆寫不出字來時，才會去檢視筆的問題在哪。早晨開車上班的時候，心中想著等會兒跟老闆簡報的內容，一留神才發現公司已經到了。每天我到學校，走進研究大樓的電梯，按下四樓按鍵，出電梯後往右轉走到我的辦公室。但有一天走出電梯時突然感覺不對勁，喔，原來是有人按了三樓的按鍵，電梯門開之後我以為已經到了我的樓層了，不假思索地便往外走去。

認識空間的能力與生命經驗有很大的關係。都市人到了山林裡容易迷路，住在山上的原住民則覺得城市像個迷宮。航海人在茫茫大海上，可以根據島嶼、海鳥（預示了島嶼）、雲的形成模式（受陸地影響）、星星、海流或風向的變化、魚類的多寡來判斷自身所在的位置。沙漠裡的追蹤者則依據駱駝足跡的大小、形狀和深度，來判斷駱駝的蹤跡；從糞便得知其餵食、飲水的時間，再結合對當地環境地形的瞭解，就可以進行正確的追蹤。許多動物更是具有人類難以企及的能力。地球的大氣層會過濾陽光，產生偏振光；而偏振的樣式取決於太陽的方位。因此螞蟻可以靠著光偏振的樣式（即使有雲層仍然看得到）找到回家的路。鴿子即使被放到陌生的地方，也能夠感應

地球的磁場，得以完成長程飛行。蜜蜂與魚還具有一種科學家尚難以解釋的「群智慧」（swarm intelligence）。一隻小魚很容易被鯊魚吃掉，可是上萬隻的魚群遇到鯊魚時，會發生什麼情形？我們以為鯊魚只要一張口就可大飽口福嗎？其實不然。雖然沒有中央指揮系統，但是每隻個別的魚只需符應簡單的規則，與彼此以及環境溝通互動，就可以產生有智慧的、但個別魚隻所不瞭解的群體行為。觀看生態記錄片時，當鯊魚撲向魚群，原本密密麻麻聚集的魚群馬上出現凹洞，鯊魚撲過去，再怎麼張嘴就是吃不到小魚，這種智慧實在讓人驚嘆。

空間認知也普遍存在文化差異。以地址為例，臺灣是以道路作為地址編號的根據，順序是從市、區、路、段、巷、弄到門牌號碼，而美國的前後順序正好相反。日本東京的地址編碼系統更是不同，他們不使用街道名，而是像切豆腐似的，從大區塊逐漸縮到小區塊。不過地址可能寫起來比較簡單，像是東京都歌舞伎町2-5-31。森京子在《有禮的謊言》中提到，她以前住在西宮市松之丘町12—17，即是在西宮市稱為松之丘町的地區第12段的第17間房子。但是蜿蜒的街道並沒有街名，也無從知道第11段究竟在哪裡結束，第12段又是從何處開始。更何況房子的編號不在空間上連續，而是依照建築物興建的先後次序。因此朋友來訪時，除非森京子親自到車站迎接，否則朋友很難找到她家。此外，東京有些地方採行將道路兩側以奇、偶數分開編號的方式，結果東京神保町一丁目的41與42號，相距竟有五百公尺之遠。而東京的住家大門旁，通常也沒有標示門牌號碼，只掛著主人的姓氏「○○寓」的門牌。要找到正確的目的地，除了參考社區路旁的地圖之外，還要留心電線桿上面的町與丁目號碼才行。

● 日本東京街道經常可見的社區地圖。

● 日本街道的電線桿，也會標示出當地的町與丁目號碼。（曾永宏攝）

無獨有偶，我國在哥斯達黎加的舊大使館的地址也很有意思：「聖保羅公墓往南六百公尺的一幢二樓建築」！這種地址編號方式，如果原來的「地標」不見了，怎麼辦？就從「聖荷西的麥當勞往東○○公尺」改成「以前的麥當勞往東○○公尺」。就像從前臺灣鄉下，也會說「我家在大榕樹對面」或者「土地公廟數過去第三家」一般。

# 臺北市道路地圖8問

## （1）請問臺北火車站代表中國哪個城市？

1945年日本戰敗，國民政府接收臺灣後，將日本町／丁目命名改成街道名。接收團隊中的工程師鄭定邦師法上海市，依中國城市的相對位置為臺北街道命名。這種命名方式，其來有自。1862年上海英美租借合併變成公共租借區，英美都各自堅持保留自己的街名，為避免白人內訌，於是頒布「上海馬路命名備忘錄」，使用中國地名來命名。上海街道從此就變成一張中國地圖。南北縱向的道路以省分命名，例如河南路、山東路、浙江路；東西橫向的道路則用城市命名，例如成都路、北京路、延安路。臺北市當時的街道圖，也同樣像是一張縮小的中國地圖。城中有北平路、天津街，吉林路、長春路在東北，康定路、成都路在西南，福州街、廈門街在南方。不過其中有一條街例外，不是城市名，而是地區名，那就是西藏路。而當時中華民國的地圖尚包括外蒙古，因此臺北市有庫倫街。弔詭的是，這些老街名並沒有隨著國際局勢變遷或人權運動而跟著改變。庫倫這個蒙古首都，早已改回蒙古名「烏蘭巴托」。而「迪化」這個乾隆皇帝時以「啟迪開化」之意所取的漢人中心思維的地名，也早在1954年就改名「烏魯木齊」，為蒙古語優美的牧場之意。目前全世界有可能只有臺北市還在使用「迪化」這個名稱。以中國城市命名，應該並無反攻大

陸、勿忘在莒的意思，因為政府從日本手中接收臺灣時根本沒想到日後會失去中國的江山，所以可能只是師法上海的命名標準。如果從中國城市與臺北市街名之對應關係來看，臺北火車站會是中國的哪個城市呢？

## （2）延平南北路、復興南北路，分別以那一條路作為分界線？

臺北市本來有中山（南北）路與中正路，分別是南北與東西向的最主要幹道。其他東西走向的馬路以中山南北路（或羅斯福路）作為東路或西路的分界線；南北向的馬路則以中正路作為南路與北路的分界線。那麼，中正路為何消失了呢？

故事要回溯到1970年，臺北市政府表示因為仁愛、信義與和平三條馬路，都已經拓寬為現代化大道，唯獨忠孝路尚未全線拓寬，無法與上述三路相比，因此遵照總統指示，將中正路改名為忠孝路。也就是原來從臺北酒廠到環河南街的這一段中正路，改名為忠孝東／西路，而從臺北酒廠經中崙到松山這一段中正路，則改名為八德路（原八德路改名為四維路）。因此，延平路以忠孝西路作為分界線，北邊是延平北路，門牌號碼愈往北數字愈大；而南邊是延平南路，門牌號碼愈往南愈大。然而復興南路與北路的分界線不是忠孝東路，而是八德路。根據《臺北市道路名牌暨門牌編釘辦法》，就有這樣的條文：「本市以中山南路為經，忠孝東西路連線八德路為緯，以其中心點起算輻射式順序編列門牌號」。

（3）為何新生南路往北接上的不是新生北路，
而是松江路？

新生南／北路是1932年日本殖民時期制定的臺北都市計畫中
的特一號道路，道路的中央是大排水溝。計畫道路的走向遷就
原有的舊水路，因此道路彎曲，並非筆直，甚至有大轉彎。
1972年，市政府進行第一階段排水溝的加蓋工程，將新生南
路拓寬。松江路也是1932年就已規劃的第10號與第34號道
路。事實上，松江路與新生南路並非直接相接。新生南路是先
接上八德路到渭水路這一段新生北路後，才接上松江路。

（4）〈月夜愁〉這首台語歌謠歌詞中的三線
路，描寫的是那一條馬路？

〈月夜愁〉本來是平埔族的歌謠，1933年經鄧雨賢重新編
曲，周添旺填詞，由林氏好演唱並錄製唱片後，才廣為人
知。歌詞有「月色照在三線路，風吹微微，等待的人那袜
來」。三線路指的是日本殖民時期拆除臺北城牆，將原址改成
由安全島（其上種植樹木）分隔成三線道的道路。主要指的是
愛國西路，後來又包括中山南路、中華路等。當時臺北人車稀
少，三線路成為情侶約會散步的地點。1937年又出現了陳達
儒作詞的歌曲〈三線路〉，也是在描寫這段路的風光。

（5）哪一條路只有一個門牌號碼？

臺大醫院舊址的地址是常德街一號，而整條常德街也就只有這個
門牌號碼。臺大醫院的對面是臺北賓館的後圍牆，所以沒有門牌
號碼。不過常德街並非臺北市最短的街道，景美夜市旁的車前路
更短。仁愛路三段則是臺北市最寬的馬路，忠孝東路最長。

## （6）門牌號碼的單雙號在哪一側，有規則可循嗎？

根據《臺北市道路名牌暨門牌編釘辦法》，「東西行者，北邊為單號，南邊為雙號。南北行者，東邊為單號，西邊為雙號。」

## （7）為何中和有永和路，永和又有中和路？

中和有永和路，永和有中和路，經常造成困擾，民眾甚至以此做了一首順口溜。根據1898年的臺灣堡圖，中永和都隸屬於擺接堡。永和本來是中和北面的邊郊，與臺北市沒有關係。在1938年川端橋（今中正橋）興建之前，新店溪的南岸極少人煙。這也解釋了，為何永和的永和路門牌號碼是從中和往北編號，而不是由北（台北市）往南。而在永和鎮（市／區）設立之前，中和已經有永和路了。其實比較嚴重的也許不在路名，而是中和的永和路被環河西路切成不連續的三段，常讓人迷路。2013年新北市將逐步將中和的永和路改名，有人擊掌叫好，也有人認為這樣切斷了與過去歷史的連結。同樣容易讓人迷惑的是，中正橋沒有接中正路，秀朗橋也不接秀朗路，福和橋沒有接福和路，然而福和路卻與永福橋相接。

## （8）走在汀州路上，兩邊的建築為何有的是前門，有的是後門？

汀州路為萬新鐵路（萬華至新店）的舊址，於1968年開通。過去鐵路沿線建築，家戶都將建築後門面向鐵路，但後來鐵路拆除，汀州路完工，便變成後門面對著馬路（汀州路）。而汀州路完工之後新建的建築，則當然將正門面對馬路，於是現在的汀州路自然出現正門與後門錯落的景緻了。不過此路上舊建築已留存不多，而且通常經過重建，讓原本的建築後部也變成正門、店面了。

**延伸閱讀**
舒國治（2010）《水城臺北》。臺北：皇冠。
張樞、王俊雄（編）（2013）《臺北原來如此》。臺北：臺北市都市更新處。

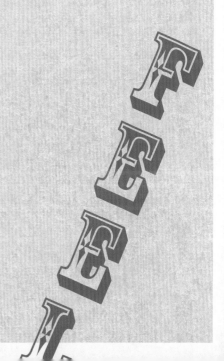

# 9則聲音與空間隨想

人們獲取外界環境資訊的方式，大抵倚賴視覺。視覺的獨斷，擠壓了人類其他感官的發展。從語言中也可看出端倪：英文「I see」的意思，既是我看到，也是我懂了；中文的「明瞭」、「視野」、「遠見」等詞，也都與視覺有關。從都市的尺度來看，視覺霸權同樣顯而易見。絕大多數的交通指示幾乎都以視覺形式傳達，如紅綠燈、平面圖、斑馬線、市招、禁止標誌。此外，從現代人的行為來看，許多人智慧型手機不離手，拍食物、拍街景、自拍，但極少會想到錄下街頭的聲音。

## 如果我的客廳會下雨

後天失明的侯約翰（John M. Hull）教授，在《盲人心靈的祕密花園》（*On Sight and Insight*）一書中，深刻地描繪了盲人的空間體驗。窗外的雨打在屋頂，落在圍籬、草坪、灌木、台階上，有的發出輕快咚咚的聲響，有的沉重如被毯子所覆蓋浸濕，可以聽見並想像水花濺起、水流奔騰的景象。雨聲充滿了圖案與細節，就像探照燈投射在一幅美景上。作者不禁感嘆：「如果我的客廳會下雨……」他迷人的敘說，激起我們打開沉睡感官的欲望。

雨點打在不同物體的表面，讓我們感受到物體各自的紋理與質地。聲音也可以讓我們穿透物體表面，讓眼睛看不到的事物現身。輕敲牆壁，不只可以分辨牆的材質，還可以知道牆後面是實心還是空心的。用手指彈一下西瓜，可以判斷西瓜的熟度與含水量。把玻璃珠或骰子放進盒子裡搖動，可以分辨盒子是三邊還是四邊形。透過回聲，可以推測山谷的距離以及水井的深度。如果經過訓練，感受空氣的流動，我們還可以「聽」出樓梯間的寬度或判斷自己離牆壁有多近。

## 神祕的迴音

光線傳導的速度比聲音快，所以閃電總是比雷聲來得早，根據兩者的時間差，就可以計算閃電距離我們的遠近。此外，我也曾好奇，眼睛看不到或看不清楚之遠處所發出的聲音，人們是否能夠聽見呢？多年前，藉著到土耳其開會之便，參觀了當地的羅馬劇場遺址。我沿著階梯拾級而上，坐在高處俯瞰整個劇場壯觀的風景。此時耳朵傳來朋友說話的聲音，嚇了我一跳。她其實還在地面與當地兜售工藝品的小販講話，我們相隔好幾十公尺，她的聲音竟然就像來自身邊一樣地清楚。羅馬人劇場建築的聲學技術實在讓人臣服。

紐約中央車站有個拱形屋頂的空間，稱為迴音廊（Whispering Gallery），只要站在某個角落對著柱子輕聲說話，位於斜對角的人就可以清楚地聽到聲音。倫敦的聖保羅教堂也有類似的聲學空間設計。北京天壇則有一面牆面光滑的回音壁，高近四公尺，長約兩百公尺。兩個人如果分別站在東西配殿貼牆而立，一個人靠牆向北說話，回音壁另一端的人都可以聽得清清楚楚。

● 土耳其的羅馬劇場遺址。站在階梯劇場的高處，也就是觀眾席處，可以聽見劇場中心地面（亦即舞台）中的人的說話聲音，就像來自身邊一樣地清楚。

## 音景書寫

音景書寫的聖經，無庸置疑是1977年由加拿大作曲家夏佛（R. Murray Schafer）所撰寫出版的《為世界調音》（*The Tuning of the World*，1993年書名改成 *The Soundscape: Our Sonic Environment and the Tuning of the World*）。在意識到聲音逐漸污染崩毀這個世界之際，他超越消除噪音的概念，轉而採取更為正向而寬廣的觀點教導我們，如何將聲音環境打造得更健康而悅人。在這本書中，夏佛討論工業革命前的音景（主要是森林、水、動物，與機械尚未演進前的城鎮聲音）、工業革命後的音景

（工廠機器、汽車、飛機的聲音成為音景的主宰，產生大量的低頻）、聲音的文化象徵，以及提出正向積極的音景設計。此書即使已經出版超過三十年，仍然是思考音景創意的源頭。對於熟悉視覺而對聲音較遲鈍的讀者，閱讀的過程中絕對處處是驚喜。他告訴我們世界上音量最大的聲音，如何從打雷、地震、雪崩，轉變成機械、噴射機、太空梭發射的聲音。如何從測量一座城市中救護車的音量來探索該城市背景音的演變。在從前，教堂建築的高度讓教堂成為城鎮的地標，而教區可以說就是一個由教堂的鐘聲（可及之地）所界定的空間。

同時由夏佛所創立的世界音景計畫（the World Soundscape Project, WSP）除了從科學、美學、哲學、建築、社會學等不同面向研究音景生態之外，更為加拿大與歐洲等地留下無數的聲音紀錄，目的在於促進人群與聲響環境的和諧。日本在翻譯夏佛的音景著作後，於1993年成立日本音景學會，成為音景研究的重鎮。除了調查東京鐘聲地圖、徵選日本百大音景、調查都市音景源之外，更積極倡議修改政策，讓政策從消極的噪音防治導向積極的音環境示範。例如有些日本電車公司，會針對不同路線的電車，設計不同的發車音樂。像是東京的JR山手線，每一站都有不同的識別音樂。而連結日本關西地區京都與大阪雙都的京阪電車，開往京都的MIYABI呈現古都的優雅與歷史（https://www.youtube.com/watch?v=QGRaoB8Bvjs），而開往大阪的GENKI則描繪關西大城的都會感（https://www.youtube.com/watch?v=dfhfZLmARtM），給予旅客不同的心情與感受。

## 聲音地圖

隨著Google地圖的普及，也開始有一些組織團體繪製聲音地圖，邀請世界各地民眾自行上傳具有代表性的聲音，這也是認識地方聲音的重要資料庫。英國國家廣播公司BBC製作了保存地球聲音的網頁Save Our Sounds（http://www.bbc.co.uk/worldservice/specialreports/saveoursounds.shtml）。如果點進臺灣，可以聽見鬼月拜拜的聲音。英國藝術家史坦查（Stanza）也架設聲音城市網頁Soundcities（http://soundcities.com/）。點進臺北市，會聽到馬路上的車聲。至於臺灣，則有風潮唱片曾舉辦《聽！臺灣/Hear! Taiwan：說自己的故事，聽臺灣的聲音》活動，也留下聲音的記錄（http://www.heartaiwan.com/）。大家可以想想，你認為最能代表臺灣的聲音是什麼呢？是夜市的叫賣聲？廟會的敲鑼打鼓聲？鹽水蜂炮聲？王俊秀教授也曾將音景計畫引入臺灣，針對臺灣進行音景的調查與記錄，例如請新竹市民票選「竹塹十大音景」（第一名是新竹風）。

聲音往往帶給人強烈的情感，可以讓人心情放鬆、可以勵志，也可能帶來煩躁與不安。英國沙佛大學（Salford University）聲學研究中心的考克斯教授（Trevor Cox）主持一個令人討厭的聲音的計畫BadVibes（http://www.sound101.org），請民眾票選最讓人感到厭惡的聲音，已經有超過百萬人上網投票。猜猜看，飛機低空飛過的聲音、狗叫聲、指甲刮過黑板的聲音、嘔吐聲、麥克風的回音、嬰兒的哭聲，哪個最讓人討厭？

## 少女的祈禱

聲音不只充滿情感，也經常成為時代的集體記憶。比方，垃圾車為何沿途播放「少女的祈禱」這首曲子呢？難道官員都這麼喜歡古典音樂嗎？原來是，當初衛生署規劃讓垃圾車上路之前，必須先選擇音樂。當時的署長許子秋正好聽到他女兒在練習鋼琴曲「少女的祈禱」，所以這首就中選啦。至於「給愛麗絲」呢？這則是因為臺北市政府從德國進口垃圾車，這些垃圾車本來就配有「給愛麗絲」的音樂，就沿用至今。外國友人不只對臺灣垃圾不落地、眾人聚在一起等垃圾車的景象感到詫異，對於垃圾車播放古典音樂也甚為佩服。

除了流行歌曲之外，是否還有其他屬於臺灣庶民特有的時代之聲呢？不少學校的上下課鐘聲，仍沿用日本殖民時期取自倫敦大笨鐘的四響鐘聲。三十多年前，由張小燕主持的綜藝節目《綜藝一百》有個〈星際新聞〉的短劇，開場白就是「搭啦啦啦啦，我是易百拉」。這五個音符，來自美國電影《第三類接觸》（Close Encounters of the Third Kind）中地球人與外星人溝通時的配樂，竟也成為一個重要的時代聲音印記。現代臺北人所熟知的聲音則有全家便利商店開關門的聲音，捷運車門即將關閉的嗶嗶聲。

## 安安靜靜最大聲

我曾經在紐約一家圖書館內上廁所，如廁時電燈突然遭人關閉，四周沒有窗戶、頓時一片漆黑，感覺恐怖無比。無光已經夠可怕，如果是無聲呢，會怎樣？科學家設計出一種消音室（anechoic chamber），這個房間能隔絕所有外界噪音來源，並完全吸收聲音的反射。只有在這種空間中，才能夠測

量由設備本身發出而不受建築回聲影響的聲音。目前得到金氏紀錄認證的世界上最安靜的地方，是位於美國明尼蘇達州的明尼亞波利斯市（Minneapolis）的歐爾菲德實驗室（Orfield Laboratories）。它由3.3英尺厚的玻璃纖維吸聲楔塊、雙層絕緣鋼材、一英尺厚混凝土的牆壁打造而成，可以吸收99.99%的聲音，還不曾有人能夠待在此消音室內超過45分鐘。在絕對安靜的環境中，人會聽到自己心臟跳動、胃攪動、血液流動以及神經傳導的聲音。人自身就是聲音的來源，很容易產生幻覺，會難以平衡走動而迷失了方向。有人形容，待在裡面就像是被拋擲到無垠的寂靜宇宙，而且連結的繩索斷了，一個人在太空中漂浮，再也回不到地球，直到死去。美國作曲家約翰·凱吉（John Cage）在造訪哈佛大學消音室之後沒多久，就創作了著名的《4'33"》。

夏佛曾指出，最強的聲音其實是靜默，這時人可以聽見自己心跳的聲音。最動人心弦的不是管弦齊鳴，而是讓全城的活動停止，一片寂靜。在臺灣，選舉造勢或示威抗議的場合中，參與者經常手持喇叭，用聲音來激發情緒、壯大聲勢。2006年倒扁總部就曾準備了32支重低音喇叭對準總統府，要阿扁總統聽到他們的聲音。全民計程車隊為抗議喜來登飯店與另一家車隊簽約，號召了五百餘輛計程車行經該飯店，以一輛接一輛集體按喇叭的方式表達抗議。相對於噪音，荷蘭人選擇在嘈雜的都市裡，以「沉默之聲」來紀念陣亡的軍人。起先如雷的教堂鐘聲湧向人們，戰爭的悲劇從塔頂的鐘聲中傾瀉而出。晚上八點整，全城的活動同時停止，寂靜比剛才的鐘聲更壓得人喘不過氣來。兩分鐘的靜默之後，人們在教堂的管風琴聲中，讓悲哀的情緒得到抒解。

## 噪反城市

作曲家約翰·凱吉的《4'33"》一曲，衝擊大眾對於「音樂」
約定俗成的認知，讓大眾重新思考音樂的本質，正如藝術家杜
象（Duchamp）將現成的小便斗命名為「噴泉」，重新定義了
藝術。瑞典電影《噪反城市》（Sound of Noise）比美國的音
樂劇《破銅爛鐵》（Stomp）、韓國的《廚師亂打秀》更有創
意，引領我們更深入思考音樂與噪音的界線。一群反音樂主流
建制的鼓手，利用醫院的儀器與人體、銀行的數鈔機（還把
鈔票放進碎紙機）與印章、古典音樂廳外的推土機與電鑽演
奏，最後鼓手甚至將自己掛在電纜線上（電纜線成為真實的五
線譜）敲擊，並操縱電力開關，將整座城市幻化成為一座美
麗的樂器。此外讓人眼睛一亮的是片中用動畫繪製而成的樂
譜，製作群實在太有才了。

● 《噪反城市》DVD封面。

### 微笑海豚的背後

海豚是對聲音異常敏感、智慧也很高的生物。牠們能夠用聲
納音波進行準確的定位並與同伴溝通。十九世紀中期,海豚
隨著白鯨與鯊魚成為紐約「巴納姆美國博物館」(Barnum's
American Museum)展示的水生動物。1938年美國佛羅里達海
洋世界開幕,工作人員餵養海豚時,逐漸養成海豚跳躍的習
慣。此後,他們又觀察到海豚可以將一根羽毛沿著水面推向
工作人員。於是海豚開始接受訓練,成為海洋世界重要的表
演動物。1960年代知名的《飛寶》(Flipper)電影與同名電視
劇更推動了全世界海豚表演的產業。寬吻海豚往上翹的嘴,讓
人誤以為海豚在微笑。況且觀眾必須相信海豚是快樂的,才有
讓海豚表演的正當性。然而我們不得不承認的事實是,在看似
歡樂的表演之後,海豚回到後台卻必須藉助鎮定劑(精神壓
力)、胃藥(胃潰瘍)、抗生素(皮膚病)、人工維他命等藥

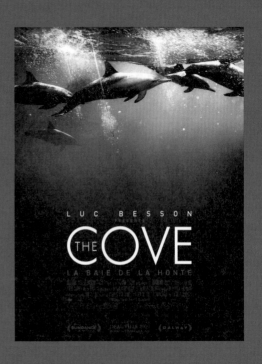

● 《血色海灣》海報。

物才能維繫生命。正由於海豚對聲音敏感，單調平滑的混凝土牆將各種聲波來回反射，讓海豚陷入驚恐；而過濾器、哨子、音樂、鼓掌、尖叫聲等噪音，帶給海豚極大的痛苦。海洋裡有著琳瑯滿目的動植物，但是海洋館的水池卻極為無聊。更不用說，海豚是群居動物，然而被捕來表演的海豚，通常經歷家破豚亡的慘劇。曾經是世界知名海豚馴養師的瑞察‧歐貝瑞（Richard O'Barry），因為親眼目睹海豚的痛苦與死亡，轉而成立保育海豚的組織，致力於終結海豚表演的產業。他在美國攝影師路易‧賽侯尤斯所拍攝的紀錄片《血色海灣》（The Cove）中說道：「假裝海豚好像很享受訓練和演出這一類無意義的例行公事，就像聲稱犯人享受一天兩次出去放風一樣虛偽」。

然而，就算是在海洋中生存的海豚，也漸漸受到水底人為噪音的威脅。漁船的馬達聲、天然氣鑽探與輸送的噪音、竊聽用的軍事聲納裝置、地震測試引發的爆炸等，這些人為雜訊明顯已經蓋過自然的聲音，擾亂海豚定位與溝通的能力，給予海豚莫大的精神壓力。

## 一平方英寸的寂靜

如果歐爾菲德實驗室是世界上人造的最安靜的地方，那美國華盛頓州奧林匹克公園內有個方寸之地，可能就是自然界中最為寂靜之處。這裡的寂靜並非真的沒有聲音，而是沒有人造物的聲音。聲音生態學家漢普頓（Gordon Hempton）有感於人為噪音有如霍亂與瘟疫，已經污染了地球的每個角落，因此致力於保存豐富多樣的自然之聲。他與奧林匹克公園達成協議，將一顆石頭放在公園內，要求這顆石頭不受到任何人為聲音的打擾。挖土機、電鋸、飛機這些會發出巨大聲響的人造物，都必

須與此石頭保持一定的距離。結果這一平方英寸影響的是一千平方英里的土地。大地並非沉默，而是不停地在說話，他的行動提醒人們，要仔細聆聽大地的聲音，重建我們與大地的感情。想像微風吹拂、樹葉落地、水泡破裂、雨滴壓彎酢漿草的聲音，會是多麼地動人。

**延伸閱讀**

戈登・漢普頓、約翰・葛洛斯曼（Hempton, G. & Grossmann, J., 2011）《一平方英寸的寂靜》（*One square inch of silence: one man's search for natural silence in a noisy world*）。台北：臉譜。

Schafer, R. M. (1977). *The tuning of the world*. New York: Knopf.

李志銘（2013）《單聲道：城市的聲音與記憶》。台北：聯經。

# 從物的設計心理學到通用設計準則

我們與周遭物件互動所需要的知識，同時存在世界裡與腦裡。所謂「知識在世界裡」，指的是當我們面對物件時可以直接擷取知識，通常不需要事先學習。而資訊詮釋的難易程度，決定於它是否充分利用自然圖形對應（natural mapping，例如上代表強，下則代表弱）與限制。由於必須尋找與詮釋外界資訊，所以這種知識使用起來較無效率，但是第一次碰到時很容易上手；此外因為需要提供資訊，故物體設計可能比較不美觀。如果是「知識存在腦裡」的情形，則需要人們去記憶回想，不是馬上可以擷取。這種知識需要學習，而學習的多寡取決於設計是否有好的意義結構。此時，第一次碰到不見得容易使用，但一旦使用起來效率很高。由於沒有什麼資訊是必須被看見的，因此設計的空間大，可能比較美觀。《設計&日常生活》（*The Design of Everyday Things*）的作者唐納·諾曼（Donald A. Norman）畫了15個不同的美金一分的銅板正面，結果超過半數的美國大學生無法選出唯一正確的銅板。這個例子說明知識不需要完全，只要足夠到分辨一分與一角或一元的差別就可以。現在想一下，台幣50元的銅板正面是誰的肖像，背面有哪些文字？我們不會用錯銅板，但是不見得會記得銅板上所有的資訊。

最簡要的物的設計準則，包括（1）讓事物看得見：讓人藉由

物所提供的線索，知道應該如何行動，並知道行動的影響。例如大樓安全門的把手，左右不對稱，讓人在緊急時一看就知道該推還是拉，是推右邊還是左邊。然而電話機的功能則大都是看不見的，如插撥、轉接，需要死記或者查詢使用手冊。使用影印卡要以正確的方向插入讀卡機，然而有的影印卡的指示方向的紅色三角形卻隱身在豔麗的花叢之中，根本看不清。（2）自然圖形對應：利用物理的相似性以及文化標準，讓人有即時的理解。方向盤順時針操作則汽車往右轉；開關往上代表多，往下代表少（音量、溫度、重量）；賓士汽車的調整座椅的按鈕就做成座椅的形狀，如何操作一目了然。不過，數字有時仍會帶來困擾，例如電風扇的按鈕「1」，到底是最強還是最弱呢？許多校園建築物的電燈開關，也通常因為沒有自然圖形對應，只見一整排3 X 4共12個開關，到底哪個開關控制那一排電燈，經常需要不斷地試誤。（3）回饋原則：使用物品時，能傳回給使用者訊息，讓使用者知道行動是否已經執行、目的是否達成。例如使用電話時，就透過按鍵的質感、按下去有聲音，來告訴你電話號碼是否確實按到。

除了上述的設計原則之外，設計師也會考量不同的設計限制，以減少使用者出錯的機率。（1）物理限制：在物理上控制了行動的可能性，例如一個粗大的栓子不可能塞進小洞裡。但是最好必須看得見，否則必須不斷嘗試錯誤。磁碟片是最好的實例，將它插入磁碟機，有八種可能（正反面 X 四邊）。然而從過去5又1/4吋到後來3又1/2吋的磁碟片，在設計上有明顯的改良。舊的磁碟片是正方形，長寬都是13.4公分，使用上經常發生錯誤。新的磁碟片設計成長方形，寬9公分，長9.4公分，就這個微小的差異，讓錯誤使用在物理上變得不可能。反觀臺灣的高鐵票，使用高鐵票通過閘門時，一般人習

● 這是美國某公立圖書館的門，把手左右對稱，不知該推那一邊。

● 賓士車內調整座椅的按鈕。如何操作一目了然。

● 這是台大共同教室的男廁推門，門上的貼紙寫著「小心反彈」。事實上，這種廁所門的設計，幾乎會讓每個使用者「反彈」（不滿）。僅僅只是為了阻隔視線，卻做了這種極差的設計，讓使用者不但要用手接觸門板，而且要雙手並用，推門時勁道沒拿捏好還有受傷之虞。

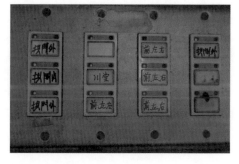

● 影印卡很繽紛美麗，指示方向卻看不清楚，以致使用不易。

● 開關與電燈位置沒有圖形對應關係，使用者必須自己用貼紙標示。

● 5又1/4吋磁碟片。

● 3又1/2吋磁碟片。

通過票口時
此面請向上

1 本車票僅供一人依照票面記載事項使用。
  This ticket is for one person only based on the data shown on the ticket.
2 本車票限以票面所載之日期 車次有效。逾期作廢。
  Valid only on the departure date and train number shown on the ticket.
3 旅客應配合接受驗票；持優待票者，應備受身分證明文件以備查驗。
  Tickets and ID certificates for concession ticket holders shall be presented
  for inspection.
4 請勿折摺並遠離高溫、磁性物質。
  Do not fold the ticket. Keep it away from heat and magnetic substances.
5 其他規定請參照旅客須知及洽詢站務人員。
  For complete ticket rules, please refer to ticket Regulation or check with station staff.

通過票口時
此面請向上
This side up

1. 本車票僅供一人依照票面記載事項使用。
   This ticket is for one person only based on the data shown on the ticket.
2. 本車票限以票面所載之日期、車次有效，逾期作廢。
   Valid only on the departure date and train number shown on the ticket.
3. 旅客應配合接受驗票；持優待票者，應備受身分證明文
   件以備查驗。
   Tickets and ID certificates for concession ticket holders shall be presented
   for inspection.
4. 請勿折摺並遠離高溫、磁性物質。
   Do not fold the ticket. Keep it away from heat and magnetic substances.
5. 其他規定請參照旅客須知及洽詢站務人員。
   For complete ticket rules, please refer to ticket Regulation or check with
   station staff.

台灣高速鐵路股份有限公司　Taiwan High Speed Rail Corporation

● 高鐵票演進史，車票背面的箭頭愈來愈大。

本車票限以票面所載之日期、車次有效，逾期作廢。
Valid only on the departure date and train number shown on the ticket.

插入票口
Insert the ticket this way

車票隨手買 高鐵與您更貼近

7-ELEVEN FamilyMart Hi-Life 萊爾富 OK

全台共9000多店 為您服務，售票據點多更多，
高鐵車票店內輕鬆訂、付、取！

台灣高鐵
TAIWAN HIGH SPEED RAIL

慣會將車票正面朝上置入票口，但不知為何系統一開始就設計錯誤，需要將票的背面朝上才能刷到磁條。結果就是車票的正面需要印上額外的字「背面朝上插入票口」，車票背面的箭頭圖形則是愈來愈大，有的時候甚至需要站務人員在一旁時時提醒乘客不要用錯。這些都是當初設計錯誤，以至於要付出慘痛的代價。（2）語意限制：依賴情境的意義來控制行動。以樂高玩具的摩托車為例，騎士只有一種有意義的位置，他坐著的時候臉必須朝前方；擋風玻璃是為了保護騎士的臉，所以必須擺在騎士的前面。（3）文化限制：文化會對社會情境設下行為的規範。同上例，紅燈表示停止，所以放在玩具車後面，以給後車警示；白燈是頭燈，所以放在前面。（4）邏輯限制：樂高玩具中所有的零件應該都有用途；即使找不到語意或文化限制，只剩下一個零件時，應該就只剩下一個洞可以嵌入。如果上述的設計方法都不行的時候，就標準化吧。標準化的好處，是只要學一次，到哪裡都行得通，像是打字鍵盤、交通號誌、度量、日曆。

中文標準注音鍵盤相較於英文鍵盤，其設計比較缺少效率的考量，所以中打字比賽的參賽者極少有人使用標準注音鍵盤。19世紀機械打字機發明之後，英文鍵盤設計百家爭鳴。目前通用的鍵盤，稱為QWERTY鍵盤，是在1868年由美國工程師克里斯托夫・肖爾斯（Christopher Sholes）設計，1874年開始量產行銷。1878年增加shift鍵後，才真正暢銷。1888年QWERTY鍵盤在打字比賽中擊敗對手，終於取得主導位置。當時的打字機仍是機械式操作，若打字太快，連動桿會勾在一起。為避免互撞，提升打字速度，需要將經常前後緊隨出現的字母鍵分開（如w與h、c與k），以保持距離，並分給左右手。1932年美國人奧古斯都・德弗扎克（August

Dvorak）設計新鍵盤，將母音以及最常用到的五個子音放在中間（AOEUIDHTNS）。僅用中間這一排按鍵（手指不用上下移動）就可以打四百個英文字（QWERTY鍵盤只能打一百字），同時解決了67%的字母（QWERTY只有32%）。不過這個可以節省無數人打字時間的設計，卻因為鍵盤已經標準化，而無法取代既有鍵盤。評斷鍵盤效率的準則有（1）左右手負擔平均分配；（2）中排極大化；（3）左右手轉換極大化、同一手指連續打極小化。從這個準則來看，標準注音鍵盤對於第一次使用的人而言，也許容易找到注音的位置，但若以長期使用的觀點來看，效率則不高。相對地，中央研究院許聞廉教授所設計的「許氏鍵盤」則頗有智慧。利用25個英文鍵（Q用來當作選字切換鍵）就能解決37個注音符號。原因是通常一鍵多義，例如根據前後鍵判斷，N可以打出ㄋ或ㄣ，L可以打出ㄦ或ㄌ或ㄥ。這種鍵盤最適合熟悉英文打字但是還不會中文打字的朋友。若使用傳統鍵盤，無論是用標準注音、倉

● 標準注音鍵盤。

頡、無蝦米哪一種輸入法，都要花時間暗記鍵盤位置；但是若改用許氏鍵盤，只要認識注音符號，而且本來就會英文打字的話，一個下午的時間中文打字便可以飛快上手了。

一個好的設計，要先預設使用者是可能犯錯的；不僅是任何可能的錯都會犯，而且是一定會犯錯。從使用者操作的角度來設計，讓使用者可以和系統對話，知道做了什麼事、有什麼後果，讓犯錯的後果不會太嚴重，且使用者可以自行回復到犯錯前的狀態。例如電腦通常具備詢問與確認的功能。不過有些物品，基於安全考量，會故意違反上述的設計原則，將物設計得很難用，例如怕小孩子打開的藥罐（要先往下壓才能旋開）、瓦斯開關要持續按住三秒才能續燃、捷運或飛機的逃生門不能一拉就開。有些音響櫃的玻璃門則是為了美學的考量，看不到手把按鈕，只需將門往內壓，門就會自動彈開（施力的方向與門打開的方向相反）。

上述的設計原則其實並非需要多麼高深的學問，但是日常生活中卻經常碰到「難用的設計」。網路上曾經流傳一張被稱為「四大悲劇」的照片：杯裝優格上的塑膠紙怎麼撕都撕不開、易開罐的拉環一用力就斷了、紙盒牛奶的側邊怎麼擠拉就是打不開、三角筒裝霜淇淋的塑膠蓋一打開霜淇淋就掉出來了。

隨著無障礙運動的努力以及高齡社會的來臨，設計也從去除障礙的「無障礙設計」（barrier-free design）轉變到為所有人而設計的「通用設計」（inclusive design; universal design）。通用設計的基本原則如下：（1）公平：任何人不分左右慣用手、年齡等都能使用，同時要排除差別感，避免標籤化。例如在廁所中裝設落地式或不同高度的小便斗。（2）彈性：容許

以不同的方法使用，同時要顧慮到緊急狀況或環境發生變化時（黑暗或喧囂）也可以使用。例如可以拆卸、重新組合的剪刀，不論是慣用右手或左手的人都可以使用。（3）簡單：使用方法簡單且容易理解、憑直覺即可使用、操作有提示與反饋。（4）提供線索：讓使用者可以透過多重感官來理解訊息。（5）允許錯誤：預先考慮以防止危險，即使使用方法錯誤也能確保安全、即使失敗也能回復原狀。（6）省力：盡量減輕使用時身體的負擔，可以以自然的姿勢來使用，即使長時間使用也不會疲倦。像日本所生產的經過力學考量的釘書機，讓人能夠很省力地釘好幾十頁文件。（7）考慮尺寸：適應各種體格的使用者，讓介護者也可以一起使用，容易搬運且方便收納。例如側邊（而非上面）開口的洗衣機，即使乘坐輪椅的人也可以輕易取放衣服；Z形的成長椅（Tripp Trapp）可以調整桌椅高度，適應幼兒身體的成長。

● 設計不良的「無障礙空間」。大安森林公園的導盲磚，竟然鋪設成圓形，顯然無視其「導盲」的意義，而是當成人行道的裝飾。

# 門與我：你歡迎、還是不歡迎我？(作者：殷莞之)

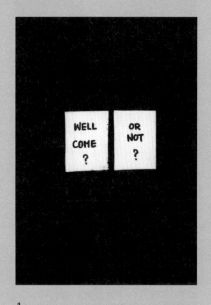

1

2

1.歡迎我？還是不歡迎我？

2.若不是不小心透出來的冷氣穿了幫，這豈不像是山中的糖果屋嗎？往內縮幾步的入口，綴得滿滿的爬藤，明亮的鮮黃色牆面，就是這樣的吸引我走進它一探究竟。植栽緩和了入口生硬的線條，打破室內戶外的界線。哦！原來我如此喜愛這一扇門可是有道理的。

3.這一扇門顯得這麼可愛，其實是因為它沾了牆上那三扇窗的光。隨著樓梯拾階而上的三扇窗，讓這面沒有什麼特別的牆面有了生命。連帶地，這扇門也就似乎向我伸出友善的雙手了。它似乎向我說道：「我多麼可愛啊！進來坐坐吧！」

4.長長的過道營造出一個很好的緩衝空間；這扇小路盡頭的小門平凡、謙虛地靜立著，然而我的腳步卻就是那樣不自覺地向它走去，尤其是渴望安靜的時候。

5.寬大的雨簷提供了蔭涼，層疊的樓梯提供了好的座位，於是這就是一扇充滿「人氣」的門了。雖然正值假日，不免冷清，但平時三三兩兩坐著、站著談笑的學生，就是會讓人感受到這幢建築物裡的歡樂與友善。

6.相較之下，沒有供避雨遮陽的屋簷，沒有室內戶外的緩衝空間，這就讓這建築物顯得嚴肅而令人不敢侵犯了吧！再加上匆匆趕著上課的心情，低著頭衝向考試教室的緊張，就是覺得它不大歡迎我。

7.陳舊的外表可以看出歲月的痕跡，玻璃窗上反射出陽光下的綠意，它應該是扇友善的門啊！只可惜主人貼上了「內有惡犬」的紙條，擺明了拒人於千里之外。惡犬雖然從未看見過，排拒他人的心理卻是路人皆知的了。

8.知識的殿堂一定非得這樣高不可攀嗎？每每吃力地爬上樓梯，望著那扇高高在上、神氣萬分的大門時，我總這樣想著。唉！即使你裡面擁有再多的知識和學問，這麼不歡迎我的結果就是──能不去就別去了吧！

9.最討厭的就是這種如怪物般長著利齒的門了。即使它為了防那些居心不良的人，卻連累了我們這些可以光明正大走進去的人。尤其是，它甚至還虛情假意地在利齒下開了個「洞」！分明就是在說：「你愛走就走，不走拉倒！」

10.最最討厭的就是──你甚至沒有不走進它的自由。唉，這就是我每天進進出出的門。它歡迎我嗎？你見過歡迎人的監獄大門嗎？尤其門裡門外盡是阻礙動線的事物，更別提門邊的密碼鎖了！

# 借位好好玩

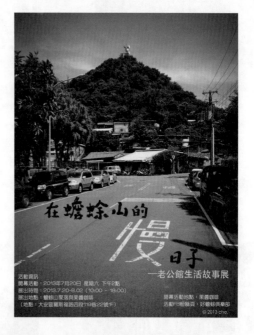

1

2

3

4

## Q比的叢林冒險（作者：范玉霖）

1.Q比的叢林冒險開始啦！是雨林般的綠地。

2.抓著細枝條，爬得好高好高！

3.成堆的落葉也是新的遊園地！

4.也可以乘在杜鵑上，有陽光和花香。

5.又高又挺拔的蕨類，像大樓一樣高！

6.洗溫泉好享受喔！

7.青苔新樂園，像棉被一樣柔軟喔。

8.Q比出外景的大樹。

9.Q比出外景的溫泉。

10.Q比出外景的杜鵑花，以及Q比爬的大樹。

6

7

9

10

1

2

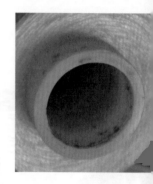

3

7

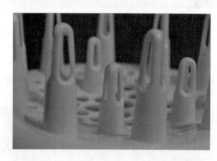

8

## 異次元空間旅行（作者：林思妤）

1.眼前一片霧茫茫的，我究竟要去哪裡？有誰在嗎？誰來救救我！

2.霧散了一點，沿著似有似無的路，一直走⋯一直走⋯一直走⋯

3.啊！終於有東西出現了。是個洞？是個排水管？反正也不知該去哪，就進去吧。

4.左邊的叉路，有個橫擋在前的擺錘，我不敢過去⋯

5.回頭走，發現右邊的叉路是好長好長的梯子，五百零三、五百零四、五百零五⋯數著階梯往上爬，我才不會不小心睡著。

6.落下，軟綿綿的地面承載包覆所有重量，好溫暖好舒服。蜷曲著身子，我打算一直待在這，沒有緊張、沒有勞累。

4

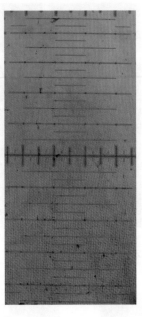

5

6

9

10

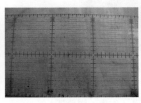

11

12

7.吱——碰！轟隆、轟隆、轟隆…是誰打擾我的美夢？吱——碰！轟隆、轟隆、轟隆…啊！白色高速旋轉的不明物體已來到眼前！危險！快跑！

8.呼～千鈞一髮，躲進這裡，那個大怪物就進不來了。帶著戰勝怪物的驕傲走著走著，或許鬆懈更會讓人失足墜落、墜落、墜落…碰！

9.故事的實際場景：除塵捲筒。10.剪刀。11.布尺。12.擦手毛巾。

1

2

3

7

8

# 包裝內的異想世界（作者：謝帛延）

1.我們是被軟禁的黑奴，儘管窗外充滿著耀眼的陽光，心裡卻著實害怕著…深知出去的那一天，即意味著粉身碎骨。（蜂蜜脆果咖啡口味）

2.一個人待在挑高數米的獨棟豪宅裡。看著窗外美景、人物，獨享私人泳池的舒適與安心。（PH 9.0 鹼性離子水）

3.不知道是彌月慶生、謝師餞行？還是…尾牙春酒、廟會慶典？棚子已經架好，就等饗客與佳餚。（新貴派花生口味）

4.狹小的公車裡要容納六個胖子…反正很快就會下車了。無論車廂多麼安全，到底還是要碰個頭破血流。（冠軍機能卵）

5.階梯的盡頭是音樂廳。我向上爬著，在這漸趨莊嚴的通道裡…收拾輕浮的心，期待一場空前磅礡的饗宴！（品客洋芋片炭烤BBQ口味）

4

5

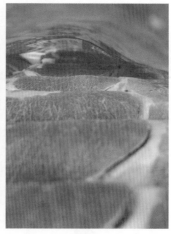

6

9

10

6.一個又一個發燙的沙丘啊…我必定是迷失在無邊無際的沙漠…不然怎麼會頭暈目眩的，連天空都扭曲地壓了下來。（台糖梅花豬肉片）

7.各位迷迷們先別慌張！閃光燈請關掉好嗎？不會很快離場，所以拜託不要推擠！這裡空間不大！！（FIRST CHOICE 榛果巧克力威化棒）

8.一場突如其來的暴雪…凍死了大批往莫斯科路上的法軍，拿破崙於是下令──用被單包一包丟了！（阿在伯手工餃子韭菜口味）

9.颱風過後…倉庫裡堆滿了被風吹落的屋瓦，等過個幾天再讓垃圾車載走。（陽光滋味穀香脆片番茄海鮮總匯口味）

10.最好的溫室──種出最翠綠的蔬菜。一種清甜香味瀰漫、一道溫暖陽光灑入。（五木蔬菜拉麵）

# 玩書架

書本需要一個家，一個有人造訪的地方，而書架則總是等待書籍的入住。圖書館的書籍通常是按照圖書分類安置，而分類法有兩種，一種是國會圖書分類系統（英文字母與數字；如環境心理學的類別在BF353），一種是杜威分類系統（阿拉伯數字；環境心理學的類別在155.9）。也因此，逛書架就有一種發現的樂趣，可以在左鄰右舍發現新的驚奇。不過紐約市立圖書館為了有效利用儲藏空間，書籍不依分類，而是依照高矮存放。它不是開架式，不讓讀者自己找書，是請讀者從電腦查到書籍的序號之後，將借書單交給圖書館員，他們會將借書單裝進一個小瓶子裡，然後丟進真空輸送管傳到書庫。工作人員會很迅速地找到書，用電梯將書送到閱覽區。讀者再根據等候號碼取書。關於書架，我還聽過一件不可思議的事，臺北某大學校方規定學生宿舍裡書架上的書籍必須依照書本的高度依序排列，以展現井然有序的素養。

至於書店，書籍的陳列主要也有兩種方式，一種是依照出版社（如政大書城），一種是依照文學、科學、藝術等學科領域（如誠品書店）。不過同樣是文學書籍，書架上的書又有兩種排法，一種依照出版社（如茉莉二手書店師大店），一種依照作者姓氏（如茉莉二手書店台大店），或者兩種混合。一般人不太能記得每本書的出版社，進到政大書城可能就要仰賴詢問店

員。按照學科類別擺放，讀者比較容易找書。可是底下的笑話也是真的，有家書局把小說《未央歌》歸在音樂歌本類的書架上，將同志文學《鱷魚手記》放在動物類，與動物圖鑑為鄰。

● 紐約市立圖書館一景。（賴彥如攝）

● 女同志小說《鱷魚手記》被放在動物類圖書當中。（模擬照片）

置放在書店架上的書籍畢竟只是等待販售的商品，只有當識貨的人把它從書店中拯救出來，書本才能獲得真正的自由。班雅明認為，藏書若是失去了主人，也就失去了意義。而書籍的擺放位置則會隨著書主的生命進程，而有所轉變。因此，一個人書房的書架（藏書）會透露他的興趣、專業或人格特質。若真如此，兩個個性迥異的伴侶同居之後，該如何對待彼此的藏書呢？就像夫妻財產是否要訂定契約，決定共同擁有還是各自擁有？是否要開設一個聯名的銀行戶頭？作家安・法第曼（Anne Fadiman）在《愛書人的喜悅》（*Ex Libris: Confessions of a Common Reader*）中提到，把兩人的書架合而為一，可以象徵婚姻關係的穩固，但是夫婦對書籍的分類方式並不相同，如何從她的「法國式花園」（一草一木各有其所）與先生的「英國式花園」（任花木自由生長）兩種分類之間找到一個平衡點？

「一書一世界，書架即宇宙」。為了讓人一窺臺灣文化人的書架風光，愛書人陳建銘編了兩本書：《逛書架》與《逛逛書架》，讀者可以透過藏書種類、書架樣式與書籍陳列方式，想像書主的內心世界。至於討論書架的百科全書則非亨利・佩特羅斯基（Henry Petroski）撰寫的《書架：閱讀的起點》（*The Book on the Bookshelf*）莫屬。書中的附錄列舉了25種書籍在書架上的排列方式，包括依作者姓氏、書名、內容、尺寸、顏色、出版社、出版時間、取得先後、頁數多寡、價格、好惡、感情、讀過或未讀過等。書中還有如下精彩的文字：「一格空書架上只有兩本書立著相倚，就像摔角台上使勁要把對方扳倒的兩個選手。三本書相倚而立，又像一名籃球選手被敵隊的兩名球員包夾。再多幾本，則像是一群參加拔河大賽失去重心的學童。沒擺滿書的書架是一列坐滿通勤者的火車，一本本的書是努力在引力與加速度之間保持平衡的乘客，卻在時

間凝固的瞬間一齊往一個方向傾斜。」

如果可以依照喜愛分派個人家中書籍的位置，畢竟是幸福的。愛書人通常面臨的困境是空間永遠不足，而許多書籍躲在暗處，主人早已忘卻它的存在，因此重複購書也就不意外了。日本作家鹿島茂在《衝動購物日記》裡寫道，因為擔任報章雜誌的書評委員，每年會收到一千多本新書。出版社或作者特意送書給他，他認為如果讀也不讀就把書賣掉，有違道義。書本不斷增多，書架買再多也不夠用。結果，家中的平台鋼琴就彷彿被書本捆包起來，堆在四處的書也像是積木疊成的高塔，偶爾在深夜還會害怕有「雪崩」發生。雪崩並非比喻，而是事實的描述！2003年紐約客摩爾（Patrice Moore）就真的在家裡被如雪崩般傾瀉而下的報章雜誌與書籍壓在底下動彈不得。隔壁鄰居聽到他的呻吟聲趕緊報案，消防人員花了幾個小時才把他從書堆中挖了出來。更令人遺憾的是，2008年香港著名文化地標青文書店的老闆羅志華，在倉庫裡整理庫存書籍時，被倒塌的20箱書活活壓死。

● 《書架：閱讀的起點》書影。

書籍可以致人於死,也可以燃燒自己照亮別人。普契尼的歌劇《波西米亞人》中,有個場景是幾個繳不起房租的年輕人,住在一間破舊的公寓閣樓裡。耶誕夜,他們冷得發抖,便決定燒掉主角魯道夫的手稿來取暖。同樣地,電影《明天過後》裡,在紐約市立圖書館避難的人們也是利用燒書來對抗酷寒。觀眾可能很納悶,怎麼不先燒家具啊。不過話說回來,紐約市立圖書館,從大理石、木製家具到屋頂壁畫,件件都是寶貝啊。

如果居住在市區,家中每本書所占據的空間其實價值不菲,甚至有可能高過書價。書籍如果只進不出,任由它像荒煙漫草隨處叢生,會破壞生活空間品質。近來我就借鏡《斷捨離》的教誨,處理幾年內可能都不會閱讀的書籍(除非已經絕版),英文書捐給圖書館,中文書送給二手書店。買書本來是讓它獲得自由,但是很多書不但我沒時間讀,甚且遺忘它的存在,對書而言反而是禁錮。如今送出去,也是還它自由吧。堆積如山的書籍一旦出清,生活空間和心情也頓時清爽許多。

●如此排列書籍,讀起來彷彿一首詩。茉莉二手書店提供。

隨著網路與智慧型手機的普及,讀書時間受到嚴重壓縮。就連閱讀風氣頗盛的日本也無法倖免。過去日本電車上閱讀文庫本的盛況,已經為玩手機的低頭族所取代。出版業者與(獨立)書店莫不叫苦連天。不過,近來臺灣的二手書店倒是大放異彩。茉莉二手書店經營頗具巧思,店員經常將新上架的書籍拍照放上臉書;上架的工作本身繁重,但苦中也可以作樂。有次我看到書籍這樣依序排列:《爺爺和我》/《頭朝下》/《往下跳》/《砰!》,給人重重一擊。我從這裡得到靈感,於是廣邀喜歡讀書的好友們,共襄盛舉一起來玩書架。其實沒事時,檢閱一下書架上的書籍,將它們重新排列,就可以玩出新的意義。書本始終是最好的裝潢,怎麼擺放,都不會難看,都是美麗的風景。

●依照彩虹的顏色，來陳列書籍。

●桃園機場的電話亭，下方的架子竟然是用書堆疊起來的，和茉莉書店師大店的櫃臺有異曲同工之妙。

●由右至左閱讀書名，就像在讀
一首詩。（劉育豪攝）

●書櫃空間的功能，在於存放書籍並讓人方便查找，因此我們習慣將書背朝外直立置放於書櫃中。「漂浮的詩」卻將書背全數倒放，拍攝後再將作品倒置，負負得正，產生詩集向上漂浮於書櫃中的錯覺，挑戰觀者的視覺習慣。（鍾岳明攝）

# 詮釋空間

第三章

誰有權力定義空間該如何使用？
由誰使用？做怎樣的設計？

空間的詮釋權，到底是屬於誰的呢？

同樣的空間經過了時間的淘洗，
是否產生了不同的意義？

讓我們來想想，
如何詮釋我們身處的空間！

# 差異是都市的鮮血：
# 都市美學與社會排除

建築史家查爾斯・詹克斯（Charles Jencks）將美國聖路易市
The Pruitt-Igoe Myth 國民住宅遭炸毀的那一刻界定為現代主義
建築死亡、後現代主義建築時代的開始；而人文地理學家則宣
稱這一刻是美國福利國家時代的結束。政府已經無能為力，
寧願將國民住宅炸毀，也不願想其他的解決辦法。都市公共
空間不再屬於所有市民，而將之批發拍賣給私人警衛系統、
監獄管理、公園管理局（Park Conservancies）或商業促進特區
（Business Improvement Districts：BID）（BID在政府授權之
下，有權決定要不要在人行道上設置座椅，路人能不能席地而
坐）。

● 《The Pruitt-Igoe
Myth：住房運動神
話的崩壞》DVD封面

## 形隨恐懼而生

過去的建築形式隨著機能而
生（form follows function），
接著是形隨金融而生（form
follows finance），現在卻是
形隨恐懼而生（form follows
fear）。城市有系統性的內外
翻轉，新的鉅形建築結構與
購物商場集中在都市中心，

街道立面受到剝奪，而公共活動被導向以功能分割的小空間中，人們的移動轉入有警衛監視的室內廊道。政府帶頭重視安全防禦，接受中產階級的要求，不斷增加空間與社會的隔絕保護。減少傳統公共空間的投資，導致政府財政以協助企業開發為最優先，包括公共空間私有化，以及補助新的種族主義的堡壘（racist enclave，美其名為urban village）。然而，近來的後現代討論經常忽視這些面向。

都市設計、建築與警察機器結合成為一個全面的安全體系；安全變成由收入所界定的財貨，而其目的著重於社會隔絕，甚於實際保障個人的安全。例如，洛杉磯市利用超大街廓開發（摧毀傳統的巷道）、連結住宅區與商業區的高速公路系統、辦公大樓周圍的地景設計（私人汽車可以直接開到大樓地下室），確保中產白人可以在住居工作的生活過程中不與貧窮少數族裔會面互動。臺北市愈來愈多的鄰里監視器對公共空間布下天羅地網（也是以拼治安之名），而最極端的則是所謂豪宅（必須經過層層關卡才得以進入自己的家門，連電梯也施以控制，非經允許無法進入鄰居的樓層），反映了對他者的恐懼。愈來愈多人居住在城市堡壘之中，然而究竟是防止外人進入，還是限制了自己的外出？弔詭的是，所謂進步的都市經常依賴外籍廉價移動勞工的勞動，堡壘城市與豪宅的內部同樣依賴外籍幫傭（貧窮的非我族類）的服務。而壁壘分明的都市空間，增加了社會排除，減少不同族群之間的互動與瞭解，長遠來看，不瞭解與偏見終究埋下未來衝突的導火線。

沒有能力處理差異與失序，可能導致更大的恐懼；而退縮則削弱了社會連結的可能。正如環境心理學家威廉‧懷特所指出，恐懼證明自身；我們對於威脅的認知並非決定於犯罪率，而是安全動員自身。大眾媒體掩蓋每日發生的經濟犯

罪，卻不停止地報導下階層、精神病患、青少年幫派等族群犯下的罪行，藉此更加強化並且合理化種族與社會階層的隔離。

在新自由主義資本主義下（全球經濟整合、縮減社會福利），貧窮、少數族裔以及其他邊緣人成為代罪羔羊，且必須為自己的邊緣處境負責。但是在全球化的過程中，雇用外籍勞工，造成本地工人失業或工資降低。政府在可見的都市區域大力整修維護，整潔的景觀給人幸福與驕傲感（例如愈來愈多的都市光廊），然在光鮮亮麗的名詞（如都市文藝復興、未來的城市）之下，卻遺忘了傳統零售業、貧民住宅、性工作場所遭抹除的歷史，掩蓋了高級化與中產階級化的事實。

## 誰來界定破窗？

臺灣的媒體近來經常引用破窗理論（Broken Windows Theory），咸認為是拼治安的利器，卻忽略了美國城市實踐破窗理論政策對於空間帶來的衝擊。都市生活品質（quality of life）的捍衛者應用破窗理論，以及零容忍的警政制度（zero tolerance policing），他們認為遊民就像破窗，是社會失去控制的指標。其實遊民被當成罪犯，並不是因為他們做了什麼，而只是因為他們的身分。看看美國城市這樣的規定就知道了：在公共空間中睡覺／打盹（達拉斯）、坐在人行道或路沿上（西雅圖）、在公園裡一次待超過四小時（雷諾）、行乞（幾乎所有美國的城市）都是犯法的行為。結果遊民只要生存（必須在公共空間中吃喝拉撒睡）就注定犯法。弔詭的是，破窗理論家認為對遊民宣戰是為了保存都市的多樣性，然而在他們眼裡遊民顯然不是多樣性的一種；他們把遊民視為影響都市發展的元兇，卻忘了遊民其實是都市發展（例如製造業

外移）造成的後果。政府將遊民、散發傳單的人、人肉廣告牌、攤販、街頭表演者都視為破窗，卻從不曾將警察濫用職權（如選擇性地對少數族裔過度臨檢）視為破窗的一種。

面對都市遊民，政府沒有興趣復健，反而採取將之消除的政策。也就是說，政府不是向貧窮開戰，而是對貧窮的人開戰。除了臺北市議員應曉薇針對龍山公園的對遊民灑水就可獲獎金的說法之外，林瑞圖也表示：「如同應議員所說，把地上噴濕，這些遊民便無法在地上鋪紙板睡覺。萬華區與新北市只有一河之隔，為什麼遊民不去新北市板橋特區？為什麼只會逗留在萬華區？」又認為板橋的房價之所以比萬華高，就是因為萬華有遊民聚集的緣故。在新自由主義的邏輯下，一切房地產與空間都化為資本，而不是讓多元與差異共存。只要阻擋了資本的積累，就欲除之而後快。

●龍山寺附近有許多遊民聚集、過夜，經常遭到公權力驅趕。

在此種都市美學的發展趨勢下，藝術家自然不應沉默缺席。1987年，為了回應美國政府忽視「街友」（遊民）問題，採取掩蓋清除的策略，而收容中心又充滿控制與危險，一位公共藝術家沃迪茨科（krzysztof Wodiczko）與街友合作，完成一個名為街友運輸工具的計畫（The Homeless Vehicle Project）。它以超級市場的推車為原型，改裝後可以拆卸組合，以符應街友不同的生存需求。它雖然不是無家可歸者的解決之道，但是企圖藉此對當前的國家住宅政策以及收容所的危險與規訓提出批判，以作為抵抗。其設計讓街友比較容易從事蒐集、貯藏街頭撿來的保特瓶與鐵鋁罐以換取金錢的活動。推車容易在街頭移動，也提供了一個可以遮風避雨之處，甚至還可以張開或摺疊以適應進食、睡覺、盥洗、排泄與坐臥之活動。這個推車，讓處在社會邊緣的群體也可以在公共空間中發聲，證明自己的存在，主張自己的權利。這個藝術作品提高街友的可見度，不讓街友隱藏起來，而是讓他們占領街道，凸顯都市再開發的問題，進而揭露都市只關心獲利與控制的事實。

## 公共座椅的排除美學

都市公共空間設計如何排除非我族類，經由公共座椅這個街道家具發揮到極致，最明顯的就是不要設置座椅，一勞永逸（如臺北火車站大廳）；或者將座椅設計成無法躺臥或無法久坐。別以為這些設計單純出自於美學的考量，或者我們可以說它其實就是一種「社會排除」（social exclusion）的美學。相對於政府與企業競相將公共座椅設計成社會排除的工具，2002年由法國藝術家菲力普・米里昂（Philippe Million）所設計的座椅（Barrier Bench），則是把原來是政府或商家用來阻隔人群的鐵架，轉變成為服務人的座椅，所以它既是分隔，又是聯結。它可以用來停放腳踏車，而座椅形成的階梯，則讓人可以攀登，進而跨越這個阻擋人群的鐵架。

●臺北車站大廳，由於沒有設置座椅，在大廳聚會的移動勞工就席地而坐。

●許多公共座椅設計得讓人坐起來不舒適或無法躺下，以免行人在此逗留過久。

Miodrag Mitrašinović

# TOTAL LANDSCAPE, THEME PARKS, PUBLIC SPACE

● 菲力普·米里昂設計的座椅,出現在《全地景、主題公園與公共空間》(*Total Landscape, Theme Park, Public Space*)一書的封面中。

● 香港此路橋下,原本是遊民休憩之地,政府刻意設置混凝土塊,讓人無法在這裡躺臥。

臺北鐵路地下化之後，新建的臺北火車站一樓大廳就為了防止遊民聚集而不設置座椅。我曾經在報紙為文指出此現象，臺鐵真的回信給我，指出不設置座椅的三個理由：座椅會妨礙人潮流動、二樓的商家有座椅、地下室的候車空間仍有空位。然而火車站本來就是個約會、等人的空間，路人需要休息，等人也需要顯著的地標，而非遠離購票窗口的樓上或地下。其後，臺北車站二樓的餐廳商店愈來愈高級化，而大廳則成為假日外籍移工聚集的場所，大家席地而坐，野餐、聊天。然而政府不思移工需要聚集空間的需求，竟有檢察官認為：「台北車站已被外勞攻陷，吃飯、睡覺、野餐，擠滿車站，政府再不處理不僅有礙觀瞻，也會出亂子。」接著，臺鐵在車站大廳拉起「紅龍」長線，並且引用公共秩序維護法，公告明令禁止組織性集會。但是紅龍才架設不久，文化部卻在車站大廳舉辦「藝術席捲空間」活動，邀請台北藝術大學舞蹈系學生演出。臺鐵此種前後赤裸裸的差別待遇，引起激憤。有文化人建議應該以人龍代替紅龍，邀請外籍移工共舞來解放空間。

為了抗議臺鐵禁止組織聚集的禁令，臉書社團「自煮公民」發起「公民崛起之915臺北車站吃喝躺」活動（2013年），當天中午有超過二百名網友到場聲援。臺鐵在各種抗議聲中，雖然設置了幾十張博愛座，也聲明不會歧視外籍移工，但是國家應該更深刻反省為什麼外籍移工必須要在臺北車站大廳席地而坐？

總而言之，這種建立在恐懼之上的當代都市形式的發展趨勢，藉由空間隔離將差異隔絕在外，但是差異反而變得更具威脅性。公共的社會性因而削弱，而將空間經營的權力交給治理者而不是大眾。差異本來應該是都市鮮活的血，而街道與人行道是都市中最有活力的器官。在紀錄片《不要鼓掌，灑

錢就好》（Don't Applause, Just Throw Money）以及懷特的書《城市》（City）裡，在街頭散發傳單的人、指揮交通的人、街頭的默劇演員的身體姿勢是一致的，共同譜成都市活力的樂章。我們也許該去除害怕差異的焦慮，嘗試從差異中學習，接受都市中的不確定性；讓市民自己來處理差異與和平，因為差異是避免都市停滯的必要情緒刺激；隔離帶來不瞭解、誤解與衝突，而欣賞差異卻是我們共同成長的契機。

● 到臺北車站聲援「公民崛起之915臺北車站吃喝躺」活動的網友。

# 臺灣的空間，醜嗎？

「臺灣為什麼這麼醜？」這是外國訪客感到好奇，臺灣民眾與空間專業者也經常提出的問題。建築教育學者漢寶德認為這是國家輕人文重理工、從小缺乏美學教育所帶來的災難性後果。中原大學建築系喻肇青教授認為臺灣缺少完整的都市設計概念，以至於建築景觀異常不協調。前臺灣大學建築與城鄉研究所所長夏鑄九指出臺灣空間專業訓練不足，將都市計畫等同於炒地皮，造就許多對市民不友善的空間；而解決之道在於知醜與保存。知名建築師姚仁喜則認為不只是臺灣建築很醜，而是整個臺灣城市很醜：從建築物、馬路、路燈到招牌，所有元素之間的關係，都缺乏規劃，漫無章法；再加上民眾不守規矩，造成環境的混亂不堪。也有人提出應該要怪罪臺灣的天氣，空氣髒又常下雨，以致房子蓋好不久就變得髒髒舊舊，保養不易。有人指出風水害人，設計有點缺角或凹空間，就認為不吉利，以至於建築物都方方正正的。有人覺得臺灣人自掃門前雪，只顧室內空間裝潢，卻不維護屋外的公共空間。有建築師抱怨，臺灣的建築設計費用太低、時程太緊縮，所以難以設計出有品質的建築空間。儘管美醜並無絕對的公式可循，很多人認為臺灣的城市有人情味、有活力，但是大概談不上是美的城市。從選舉旗幟、鐵窗、廣告招牌、檳榔攤、電子花車，到屋頂加蓋，姑不論其美醜，這些應該是臺灣特有的景觀。

**1.選舉旗幟**：臺灣缺少監督民意代表平日問政的透明資訊系統，以至於投票行為往往受到候選人媒體曝光度的左右。每到選舉前，選舉旗幟掛滿大街小巷，蔚為奇觀（此時是都市空間的法律假期）。這些旗幟一則毫無美感可言，二則影響交通動線與安全，三則實在太不環保。其實，旗幟上除了候選人姓名、大頭照，以及簡短（虛幻）的口號外，毫無幫助選民賴以判斷是否投票的實質資訊。選舉前夕的黑底布條上大紅色的搶救字眼，更是挑戰市民美感經驗的極限。如果旗幟有效，正表示選舉失敗。

**2.行人天橋地下道**：臺北市恐怕是全世界天橋地下道密度最高的城市。第一條地下道：圓山地下道，於1967年開通，其目的是為了讓蔣總統座車從士林官邸沿中山北路到總統府可以一路暢行無阻。天橋和地下道的設置表面上看是為了保障行人安全，但其實都是為了方便汽車通行而設計，反而委屈行人上天下地行走。近來許多天橋與地下道的地面路口，為順應行人路權而劃設了斑馬線，天橋地下道已經乏人問津。不過要封閉蚊子地下道也並不容易，需要有里民提案，市政府調查流量、舉辦座談會後，無人反對才可廢除。地下道由於使用人少，產生治安顧慮，然而現在的交通觀念已經由「人車分離」轉向「行人優先」與「無障礙環境」，2014年臺北市在經過評估、試封閉一個月後，已達成共識，將拆除五座地下道，以斑馬線取代。

● 選舉時主宰了市容的選舉旗幟。

● 臺北新生南路與和平東路口的天橋。

● 臺北臥龍街附近的地下道，甚少行人使用，有次颱風地下道淹水，還發生行人失足落水的命案。

● 破壞市容的超大廣告。

● 阻擋乘客視線的捷運車廂廣告。

● 搭乘公車的好處就是可以欣賞街景，不像搭地下捷運在出口與入口之間對於地上的都市風貌一無所知。然而愈來愈大的車廂廣告佔據了公車的車身，透過半透明的廣告往窗外看去，風景模糊不清，連判斷站名的空間線索，也跟著失去。為何有錢就可以買下公車車身，而以犧牲乘客的窗外風景作為代價？我們有否可能效法巴西聖保羅的市民，經由市民公投，廢止大眾運輸車體上的商業廣告？

**3. 廣告／招牌：** 臺灣隨著民主化的過程，商業廣告取代了政治標語。城市的街頭，從建築物的側牆與正立面，到公車車體、捷運車站，幾乎都為廣告而服務。商店的招牌為了吸引路人目光，也是張牙舞爪，一個比一個巨大而豔麗。有些街道雖然嚴格統一招牌形式，設計卻又呆板無趣，很不耐看。過去貼滿住戶大門的（修水電、搬家）小廣告，倒是愈來愈少看到。巴西聖保羅市塗鴉無處不在，市民卻投票不准公共空間設置廣告看板；而臺灣的城市倒是廣告處處，少見塗鴉。臺灣民眾認為塗鴉破壞環境，卻對阻擋乘客視線的公車車體廣告視若無睹，也是一奇。

**4. 鐵窗：** 鐵窗一直是住宅空間中不同需求的交會點或衝突點。住民有防小偷、防小孩墜落、擋風擋雨、增加生活空間的需求，但火災時鐵窗又往往是阻擋逃生的障礙。傳統的鐵窗設計簡單、材質容易生鏽，加上沒有協調統一規劃，讓建築立面千瘡百孔。鐵窗不但被視為落後的象徵，也涉及道德的瑕

疵。不過隨著時代變遷，鐵窗也可以藝術化、綠化，成為另一種視覺景觀。

**5. 頂樓加蓋：** 從空中俯瞰歐洲的城市常覺風景美不勝收，臺灣的城市從水平往外看是鐵窗曬衣，從上往下看則盡是頂樓鐵皮加蓋，難以入目。為了利益，不顧容積規定，臺灣絕大多數的住宅頂樓都加了違建，這已是既成事實。臺北市1995年前的頂樓加蓋列為「緩拆件」（俗稱合法違建），新違建則屬於「即報即拆件」，有人告發就可能拆除。頂樓加蓋加重了公共服務設施的負擔、妨害逃生安全、影響其他住戶在頂樓活動的權益，又有漏水之虞。不過儘管是違建，臺北中心區的頂樓加蓋還是可以賣到好幾十萬一坪。

**6. 免洗餐具：** 使用免洗（用過即丟）餐具是源自政府錯誤的決策，我們的環境卻為此付出慘痛的代價。1980年代，政府宣導人民使用免洗餐具，誤以為這樣可以防止B型肝炎的傳播。結果餐飲業者省下餐具洗滌設備的投資，讓保麗龍餐具與免洗竹筷大行其道。2000年環保署估計，臺灣每天大概使用近三百萬雙竹筷，製造大量的垃圾。除了環保考量之外，竹筷在製造過程中摻有化學毒物、危害健康，於是政府又花上加倍力氣，透過規定與宣導，禁止商家使用免洗餐具，同時鼓勵民眾自備環保餐具（有的商家則因此給予價格優惠）。儘管努力多時，至今仍有不少餐飲業者不願放棄相對省事的免洗餐

● 生鏽的鐵窗，讓建築顯得斑駁破舊。（吳孝寧攝）
● 一望無際的頂樓加蓋。

具。甚至有的早餐業者，不知哪來的點子，為了省卻洗滌的麻煩，竟在餐盤外面套上塑膠袋，用來盛裝蛋餅、臭豆腐等食物，真是天才。而為了防止包裝免洗筷或吸管的塑膠套隨風飛舞，則有固定夾的設計。這也是獨步全球的創意吧！

**7.電視新聞畫面：** 臺灣電視新聞台之多，新聞時間之長，舉世僅見。然而，新聞視野之狹窄（例如有網友歸納最近的新聞是吳憶樺下飛機、吳憶樺搭捷運、吳憶樺約會喇舌、吳憶樺聚餐；要不然就是圓仔眼睛張開了、圓仔會站了、圓仔吃竹子了、圓仔大便了；黃色小鴨在高雄、黃色小鴨在桃園、黃色小鴨在基隆、黃色小鴨洩氣爆裂了……）也讓人搖頭。電視新聞畫面訊息之多，同樣毫無美感可言，觀眾經常搞不清楚究竟正在報導那則新聞。以下圖之電視畫面為例，左邊是氣象報導的跑馬燈；下方有氣溫、報時、一則新聞標題、一則國際新聞跑馬燈；右邊有主播畫面、另一則新聞標題；上方又是一則新聞標題；而電視螢幕正中央的主畫面究竟要搭配那一個新聞標題，常讓觀眾感到困惑不解。訊息拼貼的結果，也常讓人怵目驚心，例如有次電視新聞畫面，上方的新聞標題是「國寶李天祿過世」，而下方的新聞標題竟然是「全台感受歡樂氣氛」，實在是哭笑不得啊！這種雜訊多於資訊的畫面，肯定是美學品味的破壞者。

● 為了節省洗滌的成本，在盤子外裝塑膠袋以免弄髒盤子。
● 固定免洗筷塑膠套的夾子。

● 電視畫面訊息太多，經常使觀眾混淆。

# 慌人荒景　　作者：邱國峻，崑山科技大學視覺傳播設計研究所副教授

## 景點或是廢墟

人類刻意規劃的地方，多數呈顯出進步效率或給人方便的企圖，但是也可能形成問題。首先，因都市或商業等規劃的誤差及失策，產生許多全新的廢墟，例如臺灣各鄉鎮因文化產業推動失敗所留下的蚊子館。當然也有相反的情形發生，例如曾在高雄港停泊的廢棄船餐廳「海上皇宮」，在被「黃色小鴨」取代之前，也曾是外來遊客遊港的景點之一。而南投縣集集鎮的武昌宮則在九二一地震倒塌之後，形成特殊景像吸引更多參觀者。另外，三芝的飛碟屋度假村、台南的悟智樂園同樣在倒閉荒廢之後，形成話題，吸引人潮。這些實例都證明了景點與廢墟這兩種「身分」並非絕對、永久的，而是變化流動的，兩種身分可以互相滲透。或者至少不是人為計劃可以絕對掌控的，它們更可能隨著時間、局勢，甚至人的欲望而持續轉變下去。

● 三芝飛碟屋度假村。

沉，完全不改廢墟之外的現實正常運作的時間。當然時間流動下事物的變貌也讓人唏噓。時間差異感，正是「廢墟」不同於其他空間之處。過去紀實攝影對時間的表述，總執著於時空點上的明確定位，因此照片的「此曾在」意涵讓許多影像因視覺真實再現的說服力而觸動人心，也讓照片擁有作為歷史證據的能力。然而，紀實攝影所能捕捉的瞬間片面的影像能力，卻不足以貼近廢墟發展的真實狀態。因為廢墟的時間特質，在於其轉變過程的整體觀照，而非結果面的定論。如同文明的建設與衰敗在歷史流變中總是交互更替；廢墟或景點並非二元對立，而僅是一個地方的面貌轉換。因此廢墟呈現的意涵其實是事物消長變化的本質，而非執著於短暫的某一面向。換言之，我們該關注的是時間對地方意義的轉變，而非某一時間點下的片面地方意義。

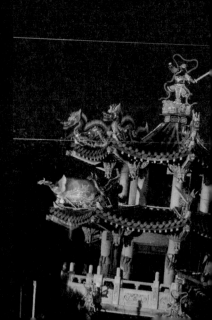

## 創作實驗：敗牆

臺灣當代社會快速進步，許多隱匿於大樓的空間也以同等的速度被丟棄遺忘。這些空間代表著不符時代需求，或暗示著文明進步中失敗的黑暗面；似乎總被刻意地掩蓋，隱匿於絢麗的都市夾縫，失去人們的關注。尤其到了夜晚，這些不被正視與照明的幽暗空間，不僅披上了一層鬼怪氣息，成為年輕人追求刺激的冒險樂園，更像是已然脫離了文明之外的超現實祕境。雖然肉眼在夜間難辨其樣貌，但藉由傳統攝影機具數小時的超長時間曝光，周圍各種人為光線可渲染滲入，讓這些頹廢敗牆逐

● 南投集集武昌宮。

一顯影，凍結了它在時間汰換下的人之荒謬。換言之，當一天即將結束而黑夜世界來臨之時，這些敗廢建物卻藉著攝影招魂之術，向四周借光，死而復活起來，更換上從未見過的容顏，在影像中失去了時間的線索，錯亂地孤立於世間，成為一種奇怪而永恆的存在。這是攝影再現這些廢墟的時間操作。藉此，廢墟得以產生另一層「地方意義」的思考。影像從原來的媒體化，到刻意的商業化，再到純粹的奇觀化，最後進入眾人記憶中的神話。

### 延伸閱讀

中田薰（2008）《廢墟本》。臺北：麥田。

姚瑞中（2007）《廢島：台灣離島廢墟浪遊》。臺北：田園城市。

姚瑞中、失落社會檔案室（2013）《海市蜃樓III：台灣閒置公共設施抽樣踏查》。臺北：田園城市。

● 高雄海上皇宮。

# 10個同志空間密碼 (作者：潘柏翰、喀飛、畢恆達)

「同志」本來是海峽兩岸國共兩黨都使用的革命詞語，1992年金馬國際影展推出了「同志電影單元」，借用香港作家林奕華與香港文化人邁克在1989年對queer cinema一詞的中文翻譯，從此「同志」在臺灣就正式成為「同性戀」的代名詞。其實同性戀也是從西方引進的醫學名詞，古代中國使用的詞是龍陽、斷袖、餘桃、兔兒、惠安女。

在一個以異性戀作為主流規範的社會中，同性戀的污名讓同志不敢（不願，或是不能）向他人透露自己的性傾向，或是選擇性地向某些特定人際網絡出櫃，過著彼此不能相互滲透的雙重生活（double life）。同志不像女人或黑人，難以直接從外表來判斷誰是誰不是。在如此的社會氛圍中，同志要如何認出彼此，尤其是在網路尚未盛行的年代呢？底下介紹10個同志空間密碼，也考驗讀者的gaydar指數。

## 粉紅倒三角

臺灣比較熟悉的西方同志符號，首先可能是粉紅倒三角。然而，它原本的用途並不是讓同志相認，而是一種迫害同志的標示。在希特勒統治德國的納粹時期，興建了大量集中營，關押政治犯和其他「低等人」。集中營裡按照犯人的身分，在外套與襯衫上縫著不同顏色的倒三角形臂章，如紅色代表政治

犯、黃色代表猶太人、綠色為罪犯、粉紅色代表男同性戀，而女同性戀則歸到反社會人士的黑色。後來同性戀運動人士將此受迫害的符號，轉化成為驕傲的標誌。

1970年，荷蘭同志運動份子在阿姆斯特丹市中心的國家戰爭紀念碑前，為在戰爭中死難的同性戀者獻上花圈，結果遭警察以「干擾和平」為由逮捕。此後，他們就有設置同性戀紀念碑的想法。經過多年的籌劃、募款、設計，同志紀念碑（Homomonument）終於在1987年正式啟用，以啟發並支持同性戀者反歧視與反壓迫的鬥爭。1998年在舉辦同志奧林匹克運動會的時候，阿姆斯特丹的同志基金會在紀念碑旁，將一台冰淇淋推車漆成粉紅色（後來改成有九面開口的小亭子），命名為粉紅點（Pink Point），提供同志資訊、販賣同志相關禮品給所有前來的觀光客。2011年西班牙熱門的同志聚集的海灘錫切斯（Sitges）也設置了一個粉紅色倒三角紀念碑。

## 粉紅點

新加坡雖然經濟高度發展，但是新聞與言論自由仍受極大管制，因此有人戲稱新加坡為Fine City（雙關語，既是「漂亮的城市」，也是「罰款的城市」）。2009年，新加坡的同志團體在芳林公園的演說者之角（Speakers' Corner，新加坡政府剛賦予人們有在此自由演說的權利），發起了粉紅點（Pink Dot SG）運動。上千位身穿粉紅色衣服的民眾圍成一個粉紅點，以支持社會中的LGBT（女同性戀者〔Lesbians〕、男同性戀者〔Gays〕、雙性戀者〔Bisexuals〕與跨性別者〔Transgender〕英文首字母縮略字）族群。參與人數逐年增加，2013年已經超過兩萬人。之所以選擇粉紅色，倒是與粉紅倒三角無關，而是因它是新加坡身分證的顏色，且新加坡國旗上的紅色與白色

● 位於荷蘭阿姆斯特丹市的同志紀念碑。

● 改為小亭子的粉紅點。

● 西班牙錫切斯的粉紅色倒三角紀念碑。

混合之後也是粉紅色。

此外，加拿大在2007年發生了男同志高中生因為身穿粉紅色T恤上學而遭人攻擊的事件，兩位男同學為了聲援他，購買許多粉紅色T恤，請同學一起穿粉紅色衣服來展現支持，表態反對對同性戀者、娘娘腔、跨性別者的霸凌。他們企圖傳遞這樣的訊息：儘管霸凌可能發生，但是只要我們大家站在一起，就可以阻止霸凌。目前許多其他國家地區也響應舉辦粉紅日（Day of Pink），宣示反（性別）霸凌的決心。

粉紅色還有另一層性別上的意義。乳癌是女性最常罹患的癌症，而粉紅色絲帶則是全球防治乳癌的標誌（紅絲帶是愛滋防治、白絲帶代表男人參與反性／別暴力）。這也帶出另一則感人的故事。2003年美國攝影師鮑伯・凱瑞（Bob Carey）的妻子罹患乳癌，在抗癌過程中，他為妻子的精神力量所折服。癌症教導他們生命雖然艱難，仍是美好，而面對生命最好的方式就是用微笑面對每一天，並且與他人分享。他於是開展芭蕾舞裙計畫（The Tutu Project），他上身裸露，挺著啤酒肚，下半身穿著粉紅色芭蕾短裙，在各式地景中擺姿勢拍攝，例如躺在紐約時報廣場斑馬線上、在湖畔沉思、在地鐵月台候車、在音樂廳演奏吉他等等。他用這種歡愉、突兀、搞笑的照片，與妻子一同面對癌症。此後他們更發揮大愛，出版攝影集《芭蕾女伶》（Ballerina）與月曆，義賣後將所得成立凱瑞基金會，幫助其他罹患乳癌的貧窮女性度過難關（參見http://www.thetutuproject.com/）。

## 同志歪讀

紀錄片《電影中的同志》（The Celluloid Closet, 1995）除了描

繪同志在不同時期電影中的再現（如娘娘腔、吸血鬼、愛滋病患、殺手等），也用酷兒閱讀的觀點解讀《賓漢》、《紅河谷》、《虎豹小霸王》等經典電影如何偷渡同志情欲。李安的《斷背山》則讓斷背情成為形容同志戀情的詞語。華人同志也經常將中國的歷史人物進行酷兒閱讀。例如屈原是因為愛上楚懷王，感情與國愁難以宣洩，最後才投江自盡。《白蛇傳》中青蛇與白蛇、法海與許仙之間的感情糾葛，人妖界線模糊、妖怪是否要現身的處境，與被視為妖怪或異類的同志處境有諸多類似之處。臺北的大學同志團體因此在每年六月（紀念屈原的端午節時期）舉辦校園同志甦醒日（Gay and Lesbian Awakening Day, GLAD）的活動。

## 綠野仙蹤

《綠野仙蹤》（*The Wizard of Oz*）是美國作家李曼·法蘭克·鮑姆（Lyman Frank Baum，也是《鵝媽媽故事集》的作者）在1900年所創作的兒童文學作品，1939年改編成同名電影。故事講述住在肯薩斯的青少女桃樂絲，被龍捲風颳走，與在路上遇見的三位夥伴（渴望擁有勇氣的獅子、渴求頭腦的錫人以及盼望擁有一顆心的稻草人）一起前往歐茲王國尋找回家的路。這三個有缺陷的角色，到故事最後發現自己其實並沒有問題，進而接納自己（這不也與同志在社會中的處境很相像？）。電影主題曲〈彩虹的彼端〉（Over the Rainbow）唱出桃樂絲盼望已久的彩色桃花源，這一盼望也與在生活中備受打壓的同志期望能免於歧視和壓迫的心聲不謀而合。〈彩虹的彼端〉因而成了同志國歌，而彩虹也成為日後同志彩虹旗設計的靈感。

在《綠野仙蹤》電影中，飾演桃樂絲的演員茱蒂·嘉蘭（Judy

Garland）成為60年代同志的偶像。她能夠獲得同志的青睞，在於她屢次面對人生婚姻與事業的挫敗後，總能堅毅地站起來重回舞台。尤其在《綠野仙蹤》中，她扮演的桃樂絲能夠毫不遲疑地接受陰柔的獅子（娘娘腔），並且帶領三個自認有缺陷的角色認同自我，更被視為同志的母親。

## 六色彩虹（旗）

同志運動中最常見的標誌或顏色為六色彩虹旗。1978年吉爾伯特・貝克（Gilbert Baker）設計了彩虹旗，作為同志社區驕傲的標記，以彩虹代表LGBT社群的多樣性。最早的彩虹旗有八色，其意義分別是紅色代表生命、橘色代表療癒、黃色代表陽光、綠色代表自然、藍色代表和諧、紫色代表心靈、粉紅色代表性愛、藍綠色代表藝術。中間經過兩次改變，簡化成了目前常見的六色彩虹旗，分別是紅、橙、黃、綠、藍、紫，紅色通常在最上方。六色彩虹隨後也運用在各種空間與物件上，例如有些同志友善商店除了懸掛彩虹旗之外，還會以彩虹的顏色來設計玻璃櫥窗的展示或文字。同志個人則會以彩虹吊飾、彩虹貼紙、彩虹T恤、彩虹陽傘等來傳達自己的性傾向認同。

## 鱷魚與拉子

如果白先勇的小說《孽子》是描寫臺灣男同志處境的代表作品，則邱妙津（1969-1995）在1994年出版的《鱷魚手記》可說是極具代表性的女同志小說。這部小說由兩個文本所構成，其一是以第一人稱敘述其大學生活與感情關係的主角拉子，其二是以第三人稱描述的，詼諧的、卡通的、不具性別的鱷魚的日常生活。主角拉子自稱為怪物，與披著人裝的鱷魚，相互指涉。從此臺灣女同志就經常以拉子（剛好又與

● 同志運動中最常見的標誌：彩虹旗。

● 彩虹諾亞方舟。

● 《鱷魚手記》書影，時報出版。

● 彩虹熱氣球。

lesbian的發音接近）自稱，而鱷魚則被當作女同志社團的名稱。其他如《荒人手記》、《逆女》、《童女之舞》、《台北爸爸，紐約媽媽》、《熱愛》等書或雜誌，都是書架上常見的同志密碼。有些尚未對父母出櫃的同志學生，也會以寫報告之名，在書架上擺放性別與同志研究的書籍。

## A & F

2013年的台灣同志遊行中，放眼一望，至少看到上百件Abercrombie & Fitch（A & F）品牌的T恤。A & F採用性魅力的行銷手法，無論商店、型錄、手提袋都不吝大量使用裸露身體的模特兒。不知何時開始，A & F在臺灣也發展成為藏身於異性戀社會中，男同志發現彼此的密碼。當然，穿著A & F並非男同志的專利，也有不少異性戀男性喜歡它能夠展現肌肉線條的合身剪裁。A & F在男同志圈廣受歡迎，但也被批評過於追求單一的陽剛身體，有歧視肥胖、娘娘腔之嫌。當然A & F大剌剌地公開表示，其產品就是訴求「有身體魅力的白種年輕人」；它也同時名列「血汗工廠」的清單中，是否應該抵制引發各種爭論。

## 網路社群符號

由於在既有的BBS站中，同志找不到可以暢所欲言的版面，1995年中央大學龍貓BBS站首度出現同志討論區（Members of The Same Sex, MOTSS），隨後校園BBS站紛紛跟進。這股風潮在同志運動風起雲湧的90年代，正好提供了同志網路集結的重要空間。網路提供的「匿名」與「無地域限制」兩大特性，使得BBS同志討論區和90年代中後期同志運動有深度連結。同志討論區內多元、大量的貼文，讓當時普遍仍有出櫃壓

力的同志朋友得以在不必擔心出櫃的情況下，參與討論、交流。缺乏資源的同志甚至從BBS開始「出道」，開始認識第一個同志朋友，開始熟悉同志社群，開始參與同志活動，也有機會建立自己的社群社交網絡。BBS同志討論區打造的虛擬社區，儼然成為壯大同志運動的重要基地。

在各校的BBS站外，1996年由皮諾查（nax）創建的「彩虹夜總會」是第一個同志專屬BBS站，站內所有討論區皆以同志需求為成立宗旨。成立不久（約1996年底），擔任站長的喀飛和皮諾查，討論如何創造一個符號，可以讓使用者快速地辨識Gay或Lesbian，於是想出以「％」代表男同志，以「＠」代表女同志。挪用這兩個象徵男女生殖器的符號，在彩虹夜總會公布後，大家開始加入自己的暱稱中。這個使用習慣很快地便傳到其他的BBS站。

由於人事更迭以及同志交友網站興起，彩虹夜總會停止運作。不過臺灣最大的BBS站：PTT（批踢踢實業坊）則仍有gay版。因gay的發音與台語的「假」接近，因此gay版又稱「甲版」。

## 喔，原來你也在這裡

白先勇的《孽子》描繪臺北新公園（今二二八公園）中一段不知是誰創立、不知始於何時，卻曾經發生許多不足為外人道而又可歌可泣的同志滄桑史。男同志把到新公園釣人（cruising）稱作去公司上班；如果同一個夜裡同時造訪新公園、同志酒吧與三溫暖則稱為火炬三部曲（挪用同志電影的片名Torch Song Trilogy）。在同性戀被嚴重污名化、又沒有網路的時代裡，公園、酒吧與三溫暖就成為男同志尋找彼此的重要

公共空間。

1995年誠品敦南店搬遷至現址，率先推出「性別研究專區」與「同性戀研究專區」（另有同性戀雜誌區），誠品敦南店一躍而成為男同志經常出沒的地點，同性戀書區更是男同志流連、看人、釣人之處。1999年開幕的晶晶書庫，更讓同志多了一個在白天可以造訪的去處。

雖然1960年代臺灣就有同志酒吧出現，但是1991年開張的Funky恐怕是經營時間最長的同志酒吧。以前有人在當兵的時候，為了試探疑似同志的同袍到底是不是gay，會旁敲側擊地問：「你在臺北喜歡跳舞嗎？」如果對方回答喜歡，便繼續問：「那你去過Funky跳舞嗎？」用這個方式來辨識對方是否為圈內人。

## 小熊村

臺北西門町的紅樓戲院曾經是男同志的情欲空間，1997年正式歇業，列為第三級古蹟。臺北市政府推出了「軸線翻轉‧重現西區風華」計畫，但幾經努力，紅樓廣場的攤商經營始終困難，毫無起色。2006年南廣場第一間同志咖啡館〈小熊村〉開張營業，西門紅樓才如長夢初醒，成為男同志（尤其是熊族，指壯碩粗獷的男同志）的聚集之地。此後陸續吸引更多的同志商店進駐，變成臺灣極少見的可以讓LGBT族群公開現身的開放空間。每年在紅樓廣場舉辦的跨年活動，更是與同志遊行同樣吸引許多來自國外的同志，創造無限商機。荒謬的是，是同志族群讓紅樓廣場起死回生，現在有了商機，卻又因縉紳化導致租金上漲，官方想把同志商店趕走，也有議員指責情趣用品店讓古蹟染黃，有損臺灣的國際形象。

● 《去公司上班：新公園男同志的情慾空間》書影，女書出版。本書作者賴正哲曾為晶晶書店經營者，他在書中描寫新公園中男同志情慾世界，借用「去公司上班」一詞作為書名。

● 晶晶書店舊址外觀。

● 小熊村舉辦的跨年節目。（黃適上攝）

# 到處有彩虹

● 臺北建國中學的彩虹水管。（智偉攝）

● 香港地鐵的彩虹車站。

● 2010年美國舊金山市的同志遊行。

● 2011年德國柏林市的同志遊行。

● 花蓮富里鄉農會的彩虹樓梯。（智偉攝）

● 臺北市龍安國小的彩虹牆面。

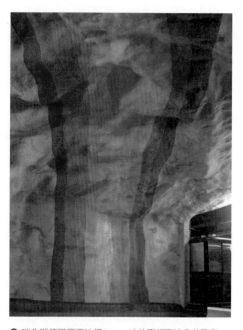

● 瑞典斯德哥爾摩地鐵Stadion站的彩虹彩繪公共藝術。

● 臺北市晶晶書庫的彩虹國旗。

# 世界最長的藝術走廊：
# 瑞典斯德哥爾摩的地鐵藝術

瑞典人真是走在前面。1937年（好遙遠的年代）瑞典已經成立瑞典藝術諮詢委員會（Swedish Art Advisory Council）主持公共藝術事宜。在多數國家，廣告向來是地鐵唯一的藝術表現形式。然而二次大戰後，瑞典藝術家已經不滿足於將作品放在畫廊或美術館裡展示，希望藝術能夠走入公共空間。而且瑞典人有遠見，相信藝術家愈早與建築師、工程師合作愈好。他們明確指出公共藝術不是在地鐵內部那裡掛一幅畫、這裡放一個雕塑的問題，而是創造一個整體環境與氛圍。瑞典人不希望地鐵車站只是個蒼白牆面上點綴了幾張廣告海報的電梯間而已，他們要賦予有效率的運輸系統一個人性的臉孔，讓牆壁也會說話；不要設計成一個地窖，而是城市皇冠上的珠寶；不是老鼠洞，而是讓人提神的綠洲。

過去人們可以從教堂空間得到藝術的薰陶，現在，地鐵儼然成為地底下的教堂。每一個駐足的地點都彷彿童話故事裡的王宮，都有它獨特的個性，讓在地鐵中移動成為一段充滿愉快與變化的旅程。即使是車輛駛進或離開車站的景象，都是設計的要素。經由美化隧道，讓車輛駛離的景象充滿歡樂。他們相信藝術可以創造一個氛圍，刺激人們討論、欣賞。如果民眾花很多時間在地鐵中行走、轉車，每個人都有可能成為藝術鑑賞家。

1956年三月瑞典斯德哥爾摩運輸地鐵局舉辦第一次競圖，收到156件作品。初期的地鐵藝術作品還只是大雜燴，但是經由有志之士不斷努力，地鐵從廣告市場左右車站設計，到支持藝術家結合建築創作，到增加市民參與，讓地鐵不再只屬於菁英，而是一般市民生活的藝術走廊。1971年斯德哥爾摩運輸藝術諮詢委員會（Stockholm Transport Art Advisory Council）設立，搭乘地鐵的乘客所進入的空間，逐漸變成一個具有整體設計的美感空間，無論天花板、地面、牆面，都是藝術。

斯德哥爾摩的地鐵車站有三種：郊區的開放式車站、鋼筋混凝土車站與岩盤車站。由於技術不斷進步，岩壁表面可以不必灌上鋼筋混凝土，只需塗上透明的防水膠，因此可以直接進行藝術創作，讓藝術家有了很大的揮灑空間，創造出令人嘆為觀止的車站奇觀。

斯德哥爾摩地鐵的公共藝術創作，同時考慮垂直軸與水平軸。垂直軸意指將地上土地使用或建物的特質貫穿到地下，水平軸意指賦予不同的地鐵路線不同的特色。每一個車站首先設定一個主題（例如運動、音樂、自然、科技等），然後據此邀請藝術家來比圖。有了藝術家參與車站的整體計畫，每一個車站都能得到自明性（identity），結果地鐵車站不只是一個通過性空間，還成為旅人專程旅遊造訪的地點。反觀臺北捷運車站設計，雖有公共建築經費百分之一的公共藝術補助，站裡的藝術作品仍多是事後的添加物，未能形成整體環境。不同的車站看起來也大同小異，無法形成自己的特色。

瑞典如此動人的地鐵藝術環境究竟花費多少呢？根據估算，大概占了總體地鐵營造費用的千分之五，或者車站營造費的百分之二。然而它所提供的藝術薰陶以及愉悅經驗卻遠非金錢所能計算。

## 地鐵公共藝術介紹

Ostermalmstorg：1961年，時年72歲的女藝術家德克特（Siri Derkert）從159件公開競圖作品中脫穎而出。次年她進入位於地下36公尺的寒冷車站，把她的素描構想轉換成為混凝土創作。這片牆面畫作長約三百公尺，以一系列意象來表達女人、和平、遊戲與歌唱、男人與小孩，以及保護環境的責任，充滿創造力。她認為市政廳與教堂的牆面充斥過多古老世代的信息，而她要宣揚的是永不過時的真理，也就是婦女運動與和平。她認為整部人類歷史都是男人所書寫的男性歷史，而女性歷史無人書寫，所以她在地鐵車站強調婦女運動。她利用噴砂技術來作畫，使淺色混凝土中露出下層的暗色石頭，而黑色混凝土則點綴著下層的淺色石頭。她還創作了史上名女人的肖像，讓這些女人在口號旁遊玩、跳舞、歌唱，而連接這些畫作的則是「國際歌」與「馬賽曲」的曲調音符。

Stadion：這是斯德哥爾摩運輸藝術諮詢委員會成立後處理的第一個車站。當時新建的地鐵站牆面仍然有鐵絲網保護以策安全，然而Stadion的短圍牆以及中央拱門並沒有鐵絲網。藝術家哈雷克（Enno Hallek）與帕拉普（Ake Pallarp）抓住這個機會，看看能為這些地下洞穴做些什麼有趣的設計。指示標誌字母S像個蛇形糖果，箭頭指向複合式運動設施（Stadion）；M代表音樂學院，像是長了腳，走向正確的出口；走到車站盡頭，映入眼簾的是由厚木板釘成的長凳，椅背則是布滿鮮豔花朵的指示標誌；連接的拱門塗上代表希望的彩虹，賦予沉重岩石拱門自由的氣息。此車站於1973年開放，獲得社會大眾熱烈歡迎，也鼓勵其後更多的開放洞穴車站設計。

● 斯德哥爾摩地鐵Ostermalmstorg站的公共藝術。

● 斯德哥爾摩地鐵Stadion站的彩繪藝術。

● 斯德哥爾摩地鐵Slona Centrum站的公共藝術。

Slona Centrum：走進這個車站，紅色天空與近一千公尺長的綠色森林即映入眼簾，令人嘆為觀止。藝術家阿伯格（Anders Aberg）與碧約（Karl-Olov Bjork）以一幅一幅的畫作，來描繪自然、環境污染、鄉村人口外移、音樂等主題故事。作者認為藝術創作不應該只服務社會菁英，更應與廣大的納稅民眾站在一起。荒廢的村莊、往南行駛的搬家卡車、頹敗的社區中心、曾經布滿了森林與麋鹿的光禿山丘、蜿蜒山路上的麵包車、工廠群落、有著精細雕琢前廊的荒廢住家、飛機不只對著樹林也對著憤怒的莓果採集者噴灑藥水。作品混雜著浪漫、鄉愁與尖銳的批判。

● 斯德哥爾摩地鐵Axelsberg站的公共藝術。

Axelsberg：它是地上車站，公共藝術由四位藝術家合作完成。Axelsberg九個字母順著軌道排列，大約有四公尺高，分別由玻璃、鐵、石頭、混凝土、砂、塑膠等不同材料做成。這些雕塑所占據的空間彷彿洞穴，還具有隔音的功能。不同而詼諧的造型，激起乘客的聯想、思考與驚奇。

Hallonbergen：藝術家艾瑞克森（Elis Eriksson）與沃爾馬克（Gosta Wallmark）受到兒童塗鴉的啟發，在白色的混凝土牆與天花板上將塗鴉重製成繪畫與雕塑。這個站名的意思是「覆盆子山」，給人童話故事、夏天、遊戲的聯想。藝術家根據母親幫他保存下來的兒時塗鴉，以及他兒子的塗鴉來設計。其中有個跳房子遊戲，就是完全從小學校園裡照抄過來的，連原來錯誤的拼字也原樣呈現。整個車站充滿了歡樂、童趣的景象。藝術家在Hallonbergen站初期作畫時，發生過一個小插曲：值勤的工作人員誤以為這些圖畫是小孩子闖入地鐵車站的塗鴉，用油漆把畫作塗掉，後來才發現那是藝術家的作品。

● 斯德哥爾摩地鐵Hallonbergen站的公共藝術。

Nackrosen：站名的意思是水蓮。站在挑高二十餘公尺天花板的下方，抬頭是開滿水蓮花的湖泊，而腳邊則是幾塊大石頭，好似身處在湖邊。這些洞穴式的地鐵車站，就像是古代的教堂，每日薰陶無以計數乘客的心靈。

**延伸閱讀**

Soderstrom, G. (Ed.). (1988). Art goes underground: Art in the Stockholm Metro. Solna, Sweden: Lettura.

● 斯德哥爾摩地鐵Nackrosen站的公共藝術。

# 開放空間開放了什麼？

（作者與圖片提供：施佩吟）

儘管搭乘汽車、公車或捷運穿梭於城市各個角落甚為方便，用肉身步行仍然是認識、體驗城市最好的方法，例如隨著人行道上上下下，才能感知騎樓整平對行人的便利。透過身體經驗，我們發現「開放空間」對城市的重要功能，也更加想望一個美好的引導與規範。從我們熟悉的騎樓，到新建大樓的轉角廣場、花圃、人行道等，廣義來說都屬開放空間的範疇。政府為鼓勵開發業者提供開放空間（privately owned public space）供公眾通行使用，以增加都市綠地面積及休憩活動空間，特給予業者增加容積作為獎勵。受到西方與日本都市計畫的啟發，1996年中央政府訂有「實施都市計畫地區建築基地綜合設計鼓勵辦法」，明確標示開放空間的設置為社會公共利益的一環。下文將以十種開放空間的使用案例，說明開放空間如何以不同的形式被挪用、誤用、占用與禁用。相反地，有些開放空間因為有民眾參與，而得以開創出不同的使用形式，使開放空間與公共生活兩者相得益彰，並提供了更多使用族群（宗教的、小眾的、隔代共用的）現身的機會。

## 1. 不開放的花台、偷裝的鐵欄杆

獎勵開放空間目的在於鼓勵開發業者提供空間供民眾通行或休憩之用，並營造先進的都會風貌。業者則因獲得容積獎勵，而

得以將大樓蓋得更高。因此，公寓大樓社區的開放空間就如同公共財。然而，這個觀念在臺灣尚未普及，許多開放空間在建案完成後，便一一圍起圍籬，設下公私之間明顯的藩籬。

臺北市建管處曾清查2001年至2010年169個「第一階段領得建造執照『商業區開放空間』案件」。結果「寶徠花園廣場」、「太子美麗殿」及「瓏山林博物館」等著名建案都出現開放空間違規使用的情形。其檢核項目包括：「柵欄式圍籬」、「灌木樹叢高度不得超過100公分」、「開放空間告示牌」、「開放空間內新增違建」、「是否有保全人員警衛阻止」、「違規使用」等六項。許多住宅區以有安全與隱私顧慮為由，將開放空間做「違規」處理，方式五花八門。有建商把開放空間包在大樓圍牆內，造成私人花園的錯覺；有些大樓開放空間指示牌上的文字圖片脫落；豪宅的開放空間，則一有民眾靠近，保全就上前盤問，使許多民眾只能快速通過；至於住宅區的廣場式開放空間，因常被建築物包圍，有違規封閉使用之嫌。內政部營建署因此修正建築技術規則，明定開放空間不得設置圍籬等妨礙民眾通行與使用的設施。未來所有新建案的開放空間，必須「全都露」。

● 不顯眼的開放空間告示牌，隱藏在眾多私自擺放的設施物之中。

## 2. 開放卻不遮雨

騎樓（閩南語稱亭仔腳）是具有濃厚華南特色的建築設計。臺北市的年降雨日數高達166天，夏天平均氣溫三十餘度，對行人而言，騎樓是個既防雨又防曬的好設計。居民經常三五成群，就在街角巷尾開講了起來。然而，根據規定，業者提供可通風之有頂蓋或遮簷之公共開放空間者僅能獲得無遮蔭開放空間者之0.6至0.8倍的獎勵。業者為爭取最大容積獎勵，造成位於街邊所留設的開放空間如果設計不良，便在豔陽下、雨天裡成了無所遮蔽的、空無一人的通過性空間。

## 3. 法定空地，約定專用

臺北市東區巷內，有許多富有特色的店家，如潮流服飾精品店、咖啡店等，透明的落地窗打上燈光，營造起沿街面舒適、慵懶的遊逛氛圍。細察這些一樓的特色店家，空間具有層次感，由公共街道向內眺望，可見庭園內布置庭院造景、裝置藝術、咖啡座椅等，再往內走，才是室內的店面空間。根據建築法建蔽率規定，留設法定空地是為了維護居住環境的品質，有日照、通風、採光及防火安全及景觀上等公共利益之考量。目前對於「法定空地」的空間使用，因屬於該幢樓共用部分，建商有時會與一樓之買受人約定，部分空間屬一樓的「約定專用」而提供屋主自由布置的權利。這樣的中介空間，是維持街道感受、建築物表情的場所，應保持通透開放。倘若家家戶戶都加蓋，許多有趣、意外的社會交流便會消失了。

## 4. 萬囍的風，千百社區人之夢魘

● 仁愛路上的高級住宅段，時見穿插於騎樓間的無遮簷空間，空無一人。

● 法定空地作為中介空間，拉開東區夜生活的序幕。

●臺北市萬華地區指標豪宅「萬囍大樓」，雖然美觀，但卻引發週邊避的風切效應。

「萬囍大樓」由中華電信與民間財團合作投資興建，突破臺北萬華老舊社區的印象，成為萬華「豪宅」的指標都更案。宣傳廣告強調林蔭步行小徑、棟距寬廣，因此吸引許多外地「新移民」購買進住。然而，就在大樓完工後不久，這兩幢23層雙塔高樓轉角的社區巡守崗亭，竟然不抵強風而被吹倒。巧妙的微氣候氣流，影響著週邊矮房住戶的生活安全。在高樓風的襲擊下，開放空間成為風場，空間看似舒適，卻也令人坐立難安。

## 5. 藏於私：至善天下

臺北故宮博物院正對面是一處住宅簇群「至善天下」，往大樓走，你得拐個彎才能發現開放空間告示牌。它不矗立在大門口，卻躲在小巷的汽車道出入口、警衛亭後，這個難以發現的地方。遊客如織，望著警衛守著的一大片「中庭」，對照著開放空間告示牌，才恍然大悟原來這幾幢大樓所環繞的正是應該提供給社會大眾共用的開放空間，可是如今成了私人花園。「至善天下」的這片綠意盎然的草坪，僅允許一般人遠觀，若欲靠近拍照，便會引來警衛關切。1997年，任職經建會的張景森欲進入此空間，但遭保全人員阻止，引發「開放空間不開放」的爭議。原本立意良善的綜合設計容積獎勵的開放空間項目，因沒有真正開放，於是在1999年修法時正式取消「住宅區」的獎勵資格。

● 位於故宮大門前的「至善天下」豪宅，透過土地變更而可突破原水利地作為建設使用之限制，故宮博物院前原可連成一氣的風水山景因而受阻。

● 「至善天下」的容積獎勵開放空間隱藏於警備森嚴的牌樓之內，一般人一旦靠近或拍照皆會受到攔阻。

## 6. 止於界：內科不連貫

臺北內湖科技園區原來是基隆河周邊的農業區，臺北市政府經由市地重劃，將散布於市區各地的未登記工廠集中起來，並提供工業區素地吸引企業營運總部進駐。目前內科擁有二百多幢各具建築特色的企業大樓。市地重劃的優點在於每一個開發單元的基地方整，再加上預先規劃公共設施，如地下停車場、主次要聯外道路、人行道面寬等，因此有機會開創優良的辦公環境。可惜，內科的空間規劃以單幢建物做為開發單元，致使開放空間無法連成一氣。每一片開發基地雖留設了開放空間，卻用矮牆、水域、花叢、抬高式植栽槽圍塑了基地邊界，致使這片開放空間看似流暢，人們卻無法自由自在地在其間遊走。

● 內湖科學園區的開放空間由單幢建築物個別設計，藉由綠樹或藝術裝置隔離企業總部內外，棟與棟之間難以相互連通呼應。

## 7. 合為一：士林電機

迥異於臺北中山北路沿街跨國精品店的氛圍，位於中山北路與德行西路交口的SOGO百貨公司天母店擁有寬廣的公共空間，尤其週末假日，可見許多老少民眾在這難得的草地花圃奔跑、休憩、曬曬太陽。這片以成片的綠為背景的仰德區民活動中心，不同時段有不同居民交替借用，或演講、或舉行團契，或舉辦說明會、讀書會，成為廣場風景的一部分。

這裡過去是士林電機所屬第三種工業區用地，透過都市計畫通盤檢討的契機，向臺北市政府都市計畫委員會陳情變更為商業區。2001年都委會審議全案結果，基地內除規劃作士電集團用地、購物中心外，須回饋百分之四十點五的土地，供作道路、公園等公共設施用地。經過這一連串的土地使用變更，所回饋的土地成了士林區民共享的活動中心，而開闢之公用開放空間與私人的企業總部融為一體，並將共用車道地下化，創造了以步行環境及社區使用為導向的公共設施設計。行人在此可以安心散步，整個空間分不清是公園、開放空間還是購物商場，也分不清土地產權是公有或是私有，視野上合而為一、融為一體。

● 士林電機運用土地使用變更爭取獎勵，其所回饋的開放空間有效地整合了周邊社區居民的需求。

● 臺北市信義計畫區的立體連通道串連垂直與水平空間，讓廣場開放空間的行走動線更為順暢。

● 臺北101大樓前廣場上的公共藝術作品，成為消費者及觀光客的街道體驗設施。

## 8. 都市設計展演台：信義計畫區

信義計畫區是臺北市第一個以都市更新方式開發的區域，提供金融商業及企業總部進駐，因此有「臺北曼哈頓」的別稱。仿效英國的開發許可制度，本區內的每個開發個案皆需經過北市府的「都市計劃暨土地開發許可審議委員會」審議，以此規範個體與整體發展的基本次序。空間中有廣場、轉角、寬闊的空中通道系統（Skywalk System）、順暢平整的人行道，還可以見到大大小小共計18個公共藝術作品，展現臺北都市現代化的生活風格與公共趣味。

## 9. 短期視覺系：臺北好好看系列二

2010年，為配合「臺北國際花卉博覽會」的舉辦，臺北市政府推出「臺北好好看系列計畫」，其中「計畫二：北市環境更新，減少廢棄建物系列」，以容積獎勵來鼓勵公、私所有權人拆除現存破敗建築並進行空地綠美化，希望藉此創造更多都市中的綠地，改善環境品質。容積獎勵對於房地產開發而言，具有極大誘因，在此鼓勵機制下為臺北市創造出74處「暫時性綠地」。然而，許多開發單位深怕民眾入內踐踏，大部分都鋪設簡易草皮，並在外圍種植灌木叢以迴避維護管理的麻煩。花博期間，臺北市「彷彿」變美了，亮眼的綠地取代了老舊的矮房殘樓，然而此等美景卻缺乏考量人們的使用需求。為防止遊民停留，美麗的綠地空間沒有座椅，孩童也仍然不得其門而入。針對未開發前的空地綠美化可獲得長期容積獎勵的對價關係，引發民間團體對於此政策的輿論與質疑，認為這些過渡型使用的「綠美化空地」與其對價關係不成比例，充其量只是個「假公園」。聯合報系大樓為配合此政策，拆除大樓改建公園以換取容積獎勵，沒多久就準備規劃興建百坪豪宅，就遭受輿論抨擊。

● 圍塑矮灌木叢的「臺北好好看系列二」容積獎勵簡易草坪綠地，引發民間團體質疑。

## 10. 社群小基地：羅斯福路沿線

同樣在臺北好好看系列二的政策背景下，臺北市政府自2009年選定位於羅斯福路沿線五處窳陋建築基地，委託專業團隊，引入周邊關懷永續生態與都市環境的市民團體，以「參與式規劃設計」精神舉辦一系列工作坊與討論會，營造了不一樣的綠地，提出「不僅好好看又要好好用」的綠地使用主張。這些倡議式的NGO團體，包括綠色公民行動聯盟、自然步道協會、專業者都市改革組織（OURs）等單位，提出對綠地活用的另類想像。「雨水花園」以城市綠基盤的理念設計了一座水撲滿，能夠接引天上水，社區大學、NGO團體經常引領市民朋友前來觀摩教學；「開心農園」提供居住週邊老人家參與種菜的空間，每到傍晚時分，常見志工拎著澆水桶一邊農作一邊閒聊；「溫羅汀閱讀藥草花園」種滿了藥草，顯眼的綠沙發座椅提供獨立書店（唐山書店、女書店、書林書店等）在開放的戶外空間也可以舉辦「星光夜讀」讀書會。這些空間，同樣是暫時性的空地使用，由地主提供經費進行綠美化工程、NGO以活動響應的方式參與經營管理、在地里辦公處協助日常生活的巡察工作，開創這些綠點成為社區小基地。

● 獨立書店於「閱讀藥草花園」舉辦「星光夜讀」活動，讓開發前提供公眾暫時使用的綠地有效補充都市開放空間之多元使用。

# 電影裡的電梯場景

人類利用垂直升降的工具來運送貨物或人員的歷史非常悠久，早在埃及人建造金字塔的時代就已經有升降系統。此後，技術不斷演進，操作的動力從人力、驢子到蒸汽、液壓，但是墜落的安全顧慮始終無法解決。1854年紐約世界博覽會上，歐的斯（Otis）向世人展現他的發明，他將升降梯纜線砍斷，升降梯竟然固定在半空中，沒有墜毀，因此改寫了升降梯的歷史。有了這項自動安全裝置系統的保障，電梯才開始在世界各地廣為使用，高樓的興建也才變成可能。不過大樓愈高，電梯所占的樓地板面積比例就愈大，到了一定高度後，就不符經濟效益了。

電梯是一個封閉空間的載具，一群陌生人得以在短暫時間內垂直移動。臺北101大樓從地面搭乘電梯直達89樓只需37秒，相當於時速60公里。電梯是環境心理學研究個人空間、領域感、隱私的重要田野。在短到不容易開啟與維繫對話的時間裡，一群陌生人被迫處在一個壓縮的空間中，人際之間會有何種互動模式？社會學者觀察電梯裡的人際互動，提出禮貌的不注意（civil inattention）這個概念，也就是同時存在但不互相牽扯（co-presence without co-mingling）、覺察但不全神貫注（awareness without engrossment）、有禮貌而不交談（courtesy without conversation）。我們最常看到的是雙手抱胸（表示無

意接觸與侵犯他人的身體）、貼牆站立、眼睛直視燈號或牆壁（以免四眼對看頗為尷尬）。試想若陌生人與你面對面站立，是否會感覺渾身不自在？由於處在電梯內的時間是以秒計算，所以即使同乘者是認識的鄰居或同事，大概只能簡短地噓寒問暖，無法深入交談。也由於狹窄封閉的空間特性，若只有兩人搭乘電梯，一則別人看不到所以可以大膽偷情（若裝了監視器就另當別論了），二則兩人因對峙而產生尷尬僵持或攤牌，另一可能則是暴力相向無處逃脫了。

## 一個人的恐怖

視覺是我們獲取外界訊息最重要的媒介，然而眼睛的視野有限，眼前的事物看得見，背後的東西就注意不到，令人感到不安。李心潔在2002年的香港電影《見鬼》裡飾演自幼失明的盲人，動了眼角膜移植手術後，雖然擁有了視力，但也帶來煩惱，因為她會看見另一世界的鬼魂。在電梯的橋段中，李心潔察覺身後彷彿有鬼，不敢回頭，身體也不敢動。此時一個半邊臉的老伯一直向她逼近，可是電梯卻遲遲到不了她要去的樓層。短短的幾秒鐘，竟是如此漫長。在空間與時間的緊迫感中，觀眾的腎上腺素也不斷飆升。看完電影，不少人不敢一個人搭電梯，搭電梯的時候不敢亂看鏡子，很怕真的看到不該看到的東西。

## 兩個人的愛情與暴力

1987年的美國電影《致命的吸引力》（Fatal Attraction），也有令人印象深刻的電梯場景。男主角是年輕有為的律師丹尼，妻子漂亮賢惠，女兒天真活潑，有個典型的完美家庭。有次妻女外出度假，丹尼與新認識的出版編輯有了婚外性行為。他們就在電梯裡站著做愛，熊熊欲火跟著電梯上升愈來愈

高漲。由於電梯是公共空間，電梯門隨時可能打開，擁有的時間極其短暫，更讓這場偷情充滿了刺激。而他們倆那種不顧一切的眼神，則注定了後來恐怖的經歷。

完全不用裸露，卻又充滿了情色的，則是2008年的香港電影《文雀》的電梯場景。電梯裡只有陌生的孤男寡女，男前女後。男的低頭專注於閱讀報紙裡的賭馬經，碰巧天花板上的氣球飄落下來，女的順勢用身體擠壓氣球，於是軟綿綿的氣球就從男人的背部逐漸下滑到臀部。彼此身體沒有接觸，欲望卻透過想像來回碰撞，熱流奔竄全身。

2011年的美國電影《落日車神》（Drive）中，男女主角要搭乘電梯下樓，裡頭卻已經有一名陌生男子。男主角從外套的突起確認對方懷中藏槍後，將女主角拉往身後，轉身給了她深情的一吻（是定情之吻、死亡之吻，還是欺敵的戰術）。這千鈞一髮的緊張瞬間讓這一吻彷彿天長地久。男主角隨即恢復車手嗜殺本性，將槍手擊倒在地。女主角在驚嚇中退出電梯，她眼中的男人從老實深情的鄰家男人突然變成冷酷嗜血的殺手。開闔的電梯門顯示了她的不解，也彷彿隔開了天堂與地獄。

## 電梯與緣分

電梯內外皆有按鍵可按，電梯內的搭乘者無法預測電梯門何時會在哪一層樓突然開啟。門開的瞬間，電梯內或電梯外的人也無法預知會看到何種景象。此種未知，可以引發愛情遊戲，也可能遭致暴力攻擊。2001年美國電影《美國情緣》（Serendipity）裡，男女主角在百貨公司購買耶誕禮物，因同時搶到最後一副手套而認識。在短暫的美麗邂逅之後，男主角希望與女主角繼續聯絡，女主角則歸諸天命，認為有緣自

然會再相遇。女主角隨手從皮包中取出小說《愛在瘟疫蔓延時》，在扉頁上寫下自己的名字與電話號碼，說隔天會拿到紐約某家二手書店賣掉，她還要男主角在五元鈔票上寫下他的姓名與電話號碼，然後前往報攤買包口香糖用掉此紙鈔。最後他們在一幢高達三十幾樓的飯店裡分別搭乘不同的電梯，如果命中注定，就會在同一層樓相逢。2009年的臺灣電影《對不起‧我愛你》中也有類似電梯與鈔票的劇情。

另一方面，電梯門開啟的瞬間，經常也是暴力展開之時。2002年香港電影《無間道》裡，梁朝偉就是在電梯門開啟的那一瞬間，遭在外守株待兔的劉德華擊斃。

## 如果電梯像畫廊

姑且不談裝有舊式拉門的古典電梯（在西方的老公寓、飯店仍可見到），現代電梯內部的基本配備，大抵是四面牆，電梯門邊有直立的按鈕面板，門的上方則有樓層燈號顯示。為了免於單調，有的管理者會在牆面與天花板貼上翠綠風景的照片，有的播放電梯音樂，讓乘客的心情得以放鬆。為了安全，則會在天花板角落裝設監視器，或者四面牆（包括天花板）都裝設鏡子。鏡子提供一個人攬鏡自照、做鬼臉的機會，也構成大眾彼此相互監視或偷窺的敞視空間。1967 年的法國電影《快樂時光》（Playtime）裡，男主角到一家公司找人，但是陰錯陽差始終沒有機會與對方碰面。就在等待的時候，他看到一個小空間，牆上掛有畫作，還有投射燈光，他以為是畫廊，便走了進去，沒想到有人跟著進來，按了鍵，電梯遂不斷往上攀升。

## 高處不勝寒

建築的高度，過去代表聖潔，現在則象徵資本與權力。西方的住屋，攀爬階梯而上，到了閣樓代表清明（接近天堂），順樓梯下到地窖，則隱含未知與恐懼。歌德式教堂的高度讓敬拜的人產生謙卑渺小的敬畏之心；中國的紫禁城則是利用深度（經過一道又一道的門）達到令人謙卑的效果。現代摩天大樓的競爭，不只是出自地價與經濟的考量，開發中國家更是藉此展現城市的蓬勃發展與國家的經濟實力。摩天大樓因此不只是經濟上的商業廟堂，也是政治上的紀念性建築。在臺北，有錢人往往住在高樓之中，樓層愈高房價就愈高，一方面視野好，一方面可以排除閒雜人等，構築安全的堡壘。雖然搭乘電梯不像爬樓梯，已經不必費力克服地心引力，但是在電梯層層升高的時間之中，心情也逐步調整，接近權力的核心。1927年德國電影《大都會》（Metropolis）的故事設定在2026年，人類被劃分成兩個階層，權貴人士和富人住在夢幻般的摩天大廈裡，貧窮的勞工階層則困在幽暗的地下城市。1982年的美國電影《銀翼殺手》（Blade Runner）裡，複製人搭乘電梯到大樓的最高層去見他的創造者。1994年的美國電影《金錢帝國》（The Hudsucker Proxy）裡，公司的董事會就設在大樓的最高層（第45層）。原本在地下室工作的男主角負責送一封緊急信件給董事，進入電梯後，電梯服務員告訴他，45層是高級長官的樓層，一個人要花50年才攀得上去，卻只需30秒就可以從那兒掉下來。

## 電梯就是主角

1983年荷蘭出品的電影《電梯》（De lift），主角就是電梯本身。電梯裡控制開關升降的電腦晶片逐漸發展出自主意識，進

而對人展開殺戮。一開始，電梯是懲罰有道德瑕疵的乘客，後來為了保護自我存續，進而傷害企圖修繕並摧毀晶片的工程師。電影中將電梯可能發生的各種故障與失控現象，以及乘客可能面對的恐懼都演練一遍，諸如截斷、碾壓、勒纏、電擊、漆黑、悶熱缺氧、急速墜落。劇情一方面呈現人類對於人工智能／有機晶片的依賴與恐懼，一方面讓危害公益、唯利是圖的企業家自食其果。

4

PLAY

# 參與空間

## 第四章

如何使無聊的空間變得有趣？
如何使不合理的空間變得適合活動？
如何在被規訓的空間中反叛？
如何抗議空間中的不公義？

發揮你的想像力，
參與空間的改造運動吧！

玩

# 10種玩都市的方法

## 狂想製造機

2001年，甫自戲劇系畢業的查理·陶德（Charlie Todd）與許久未見的好友在紐約東村見面。陶德身穿紅白色T恤，朋友一看到他就開玩笑打招呼說：「最近還好嗎？班·佛爾德（Ben Folds，著名搖滾歌手）」。陶德告訴好友說，好，接下來他就真的是班·佛爾德了。於是陶德自己先進入一間酒吧，獨自在吧枱前飲酒，朋友十分鐘後進入，並故意叫他班·佛爾德。沒想到馬上有一名英國女孩對他拍照，並索取簽名。隔天他們又到西村的酒吧測試。他的朋友從酒吧另一頭走到吧枱跟他要簽名，對酒吧裡的每個人而言瞬間他就是班·佛爾德了。其中一位女孩還留了電話號碼給他。他們歡度了三個小時，一直到離開酒吧，都沒有人發現這是惡作劇。這個經驗讓他很興奮，於是想要繼續在公共空間裡創造歡樂的惡作劇。這中間最棒的部分就是，每個人都度過了快樂的時光。做為一名初到紐約的演員，他不要等待機會，而是自己創造舞台。他把這個經驗寫在部落格，然後狂想製造機（Improv Everywhere）就此誕生了。

狂想製造機從成立至今已經在全球四十多個國家完成超過一百個任務。這個團隊活動的核心價值就是「好玩」，尤其是

「經過安排的好玩」（organized fun）。沒有特別的目的，沒有什麼高深的道理可言，就是好玩。當我們還是小孩子的時候，我們認為「玩」是一件好事；成年後，我們卻把「玩」當作是浪費時間。他們的任務是讓參與者、碰巧看到的，以及上網看到活動的人，都覺得好玩。他們用行動證明了幽默跟惡作劇不一定要用羞辱和令人難堪的方式才能達到效果，也可以透過很簡單的方法與創意來讓大家開心。

他們從一開始就刻意排除政治的、帶有任何強烈主張的行動意義，只追求「好玩」。現代人累得像狗一樣，人們需要一些新鮮事，讓生活中更有故事可說。就如同這個團隊的名稱"Improv Everywhere"，他們透過網路和臉書社群，用創意和行動表演在全世界進行不斷的改造活動。

他們的活動比快閃族早了兩年。有些任務也許和快閃族有點類似（例如在公共空間聚集許多人，然後突然消失），可是他們從未使用快閃族這個名詞。有的任務只有幾個人參與，有的則動員上千人。任務也通常不是一閃即逝，有的長達幾個小時。他們不想違反法令，但是有些任務（如穿內褲搭地鐵、在Best Buy商店裡穿跟店員制服相仿的藍上衣卡其褲等）確實引來警察關切，耗費了警察值勤的時間。

真正讓他們一舉成名的任務是「凍結中央車站」（Frozen Grand Central）。主辦單位從網路集結了兩百餘名自願參與者先在紐約布萊恩公園（Bryant Park）進行任務說明。參與者在2點30分時進入紐約中央車站，在聽到指示之後，身體同時凍結。有趣的是，這些自願參與者並沒有事先排練，卻都做出很有創意的動作，例如擺pose、綁鞋帶、吃香蕉、蹲下來撿拾散落一地的白紙，還有兩人或四人互動的動作。車站中的人潮

都停了下來，或拍照，或詢問發生了什麼事，五分鐘後所有演員按照任務的指示解凍並若無其事地離開，觀眾則給予熱烈的掌聲。此影像紀錄上傳Youtube（https://www.youtube.com/watch?v=jwMj3PJDxuo）後，馬上成為話題，目前已經有超過三千萬點閱人次。2013年愚人節此團體又號召了二千名自願者，在紐約時報廣場有五分鐘的時間，無論步行或騎腳踏車都倒著走，創造一個倒轉的世界。

紐約53街與萊辛頓大道（Lexington Avenue）交口的地鐵站，每天上班時間人滿為患，換車的乘客需要搭乘一段超長的電扶梯，擁擠的人潮讓乘客心浮氣躁。狂想製造機派出五位參與者分別站在緊鄰電扶梯旁的樓梯的不同層階梯上，分別拿著紙牌上面寫著「羅伯想要」（Rob wants）、「跟你」（to give you）、「擊掌」（a high five!）、「準備了！」（Get Ready!）、「我是羅伯↓」（Rob↓，箭頭指向持此紙牌的人）。在尖峰時段，真的有二千名陌生乘客伸出手與羅伯擊掌。另外一個有趣的紐約地鐵活動是「紐約地鐵標誌實驗」（New York Subway Signs Experiment）。為了防止地鐵駕駛在每天幾個小時單調重複的駕駛中疲累失神，紐約地鐵車站都掛有一個黑白相間條紋的標誌，地鐵駕駛在進站時必須從車窗伸手指向此標誌，以證明自己保持在警醒狀態，並將地鐵車輛停到正確的位置。充滿創意的廣告人喬瑟夫·連納（Yosef Lerner）發現這個現象後，就與朋友發起了這個活動。他們站在該地鐵標誌底下，手持看板上面寫著「如果你實在很性感，請指向這裡」、「如果你有看到乘客裸體，請指向這裡」、「如果你沒有穿褲子，請指向這裡」、「如果你有在駕駛的時候自拍，請指向這裡」，駕駛不管是否同意看板上所寫的話，照規矩都要用手往標誌方向指，讓駕駛與路人都忍俊不住笑了出來（參見http://www.youtube.com/

● 臺大學生在捷運內集體撐傘，周邊乘客在驚訝之餘，也參與了這個遊戲。（地球王 攝）

watch?v=i9jIsxQNz0M）。臺大學生也曾經在臺北捷運出任
務。他們一行人，在車站搭乘電扶梯往下的時候，群體一起撐
傘，景象很超寫實。有人問，外面下雨了嗎？也有小朋友問他
爸爸，他們在做什麼啊？很妙的是，爸爸答說，他們應該是在
做學校作業。還有陌生旅客附和著說：打雷了。

狂想製造機還有一個很感人的任務是「最棒的比賽」（Best
Game Ever）。主辦單位預先取得參賽者的名單、出場序，召
集幾十名自願啦啦隊員，將美國社區小孩假日的棒球比賽辦
成像是大聯盟規格的比賽。他們穿兩隊顏色的衣服、製作球
員卡、手舉球員名字加油海報。最高潮則是和NBC連線，現
場有大型銀幕秀出球員的名字和照片，還有比賽的慢動作重
播。然後觀眾向球員索取簽名，舉辦賽後記者會。事先不知
情的球員、父母、教練都受寵若驚，比賽結束後，還津津樂
道。

2010年9月中，狂想製造機曾經來臺北出任務，在新光三越
百貨廣場急凍，並在二二八和平公園出MP3 Experiment 任務

（在現場根據指令，群體一起做動作），不過並沒有引起太大迴響。「臺灣驚喜合唱團」於2013年7月號召近百人在午餐時間於臺北101大樓演唱《綠島小夜曲》、《茉莉花》、《高山青》、《望春風》等臺灣經典歌謠，現場旅客也忘情跟唱，甚至熱淚盈眶。臺北101免費出借場地，還提供保全與清潔人員的制服作為偽裝之用。不過媒體皆以「快閃」合唱稱呼此活動，事實上它與快閃根本無關，其靈感來自於狂想製造機於2008年在洛杉磯購物中心美食街所出的音樂劇任務（Food Court Musical）。很精彩喔，趕快上網觀賞吧（http://improveverywhere.com/2008/03/09/food-court-musical/）。

## 蝙蝠童拯救舊金山

玩更大的是2013年11月的「蝙蝠童拯救舊金山」（BatKid Saves San Francisco）。現年五歲的邁爾斯·史考特（Miles Scott）在20個月大的時候被診斷出罹患白血病，幾乎所有的生命時光都在與疾病奮鬥。他有個願望，就是當蝙蝠俠。經由許願基金會（Make-A-Wish Foundation）居中籌劃，招募了超過一萬二千名自願者，包括市長與警察局長，要將舊金山變成蝙蝠俠出任務的高譚市。11月15日，舊金山全市動員，出動了警察、臨時演員、蝙蝠車，讓「蝙蝠童」在蝙蝠俠等人的合作下，拯救了身綁炸藥坐在電車軌道上的人質、將搶銀行的謎天大聖手到擒來送進警方囚車，接著擒拿企鵝先生、解救被企鵝先生綁架的舊金山巨人隊吉祥物海豹（Lou Seal），屢屢化解城市危機。最後蝙蝠童到市政廳前接受群眾歡呼，並由市長贈送市鑰，感謝他的偉大貢獻。路人高舉「你是我們的英雄」、「我愛蝙蝠童」的海報。《舊金山紀事報》也變身《高譚市紀事報》發行號外，標題是「蝙蝠童拯救了這個城市」。是這個五歲小孩的勇氣，激發了舊金山市民的愛心，連歐巴馬也透過視訊，感謝他勇敢的行動，帶給世人莫大的啟發。

另一個例子，是美國賓州8歲女童戴蘭莉‧布朗（Delaney Brown），她罹患了血癌，經過多次放射治療與幹細胞移植手術後，病情沒有好轉，醫生宣布她只剩下幾天或幾週的生命。戴蘭莉許下願望，希望能夠聽到大家唱耶誕歌曲。家人將她的心願公布於臉書後，收到熱烈迴響。2013年12月21日晚間，近萬民眾聚集在她家門前獻唱耶誕組曲與生日快樂歌。戴蘭莉的家人隨後在臉書上傳她雙手豎起大拇指的照片，並留言「我有聆聽大家唱歌，深愛你們」。「平安夜、聖善夜」，戴蘭莉於耶誕節凌晨在親友祝福下安祥離世。

再來看看國內的例子。臺北科技大學學生劉維益從小對父親的感覺是害怕多於親密，但隨著年歲漸長，才逐漸體會到父親威嚴底下的慈愛。在父親五十歲生日時，他設計了一個別緻的禮物，告訴父親深藏在心底的話：「我愛你」。他先利用電腦繪製燈牆構想圖，走訪二百間男女宿舍房間爭取支持。當晚，劉維益動用了四十位志工，八百位住宿同學，利用明暗交錯的窗戶排成LOVE四個英文字母，照相後將照片送給父親。他父親在臉書上回應道：「這是我畢生難忘的一件事，我也愛你。」相較於在公開場合施壓強迫求（ㄅㄧ）婚（如用大賣場電視牆、包下電影院、國小操場朝會來求婚），這個行動溫馨多了。

## 街頭表演

從中古世紀的吟遊詩人到現今的街頭藝人（buskers, street performers），街頭表演在當代西方城市中早已普遍存在，不足為奇。在臺灣，則是這幾年才慢慢在街頭、市集、公園廣場等公共空間中出現，成為一種新興的都市文化現象。

若要討論現代都市的街頭表演，以紐約為例，底下幾個戰後的現象影響了街頭表演的形成與形式。（1）60年代的美國人權運動匯集了非裔美人用歌聲鼓舞團結的共同傳統，反戰運動也大量借用美國民俗音樂的激進風格；即使運動沉寂之後，這些抗議形式仍然延續下來。（2）70年代紐約少數族裔青少年，創造了嘻哈文化，來對抗摧毀社區的幫派戰火。他們結合饒舌歌、霹靂舞、塗鴉與特殊的反叛服裝風格，從社區走向街頭。（3）70年代紐約房地產價格持續上漲，一些俱樂部等表演場所因付不起房租而被迫關閉。加上音響技術的改進，許多迪斯可舞廳改用預錄音樂，不再聘請樂團現場演奏，讓許多表演者失去了舞台。而俱樂部與音樂正式表演場所的種族歧視，也迫使少數族裔表演者走到街頭。（4）80年代愈來愈多的中南美洲移民，以及90年代來自蘇聯、東歐與亞洲的移民，為紐約的街頭表演傳統注入了不同的生命。

街頭當然也不全然是前進舞台的跳板，有些已經在林肯中心正式演出過的藝人仍然會選擇街頭，一方面藉由與觀眾直接互動加強個人與藝術的成長；一方面學習如何面對不可預期性（如掌聲、合唱與噓聲）以及多樣不同的觀眾。而（免費的）街頭表演確實可以安慰乘客的情緒、減少乘客等待的無聊以抒解壓力、打開路人心房／心防、打破種族語言文化階級的隔閡增加互動、讓路人認識本來不熟悉的音樂與藝術世界。

臺灣雖然存在傳統民間雜耍與江湖賣藥的說唱藝人，但是收取賞金的街頭演出，仍然被政府視為攤販，而有遭驅離或吃罰單的可能。此種政策背後的思維，是推崇乾淨、整潔、秩序的理性都市思維。直到1999年臺北捷運公司才開始推動街頭藝人審核的制度，臺北市文化局也於2003年舉辦街頭藝人甄選，指定演出場地。原來象徵落魄街頭的江湖賣藝，轉化成為努力奮發向上的街頭表演。

街頭表演的形式與內容，幾乎無所不包，舉凡演奏、說唱、雜技、默劇、舞蹈、繪畫、魔術、人體雕像都經常可見。茲舉幾個我印象比較深刻的例子。紐約中央公園的烏龜競走，數十年如一日。表演者的特長在於講故事與笑話以吸引觀眾，光是介紹競走的烏龜進場就已經過了十分鐘，但是觀眾大多屏息等待，甚少中途離場。表演者會說1號阿姆斯壯是第一隻擊敗蘇聯選手的美國烏龜……3號的名字叫米開朗基羅，是納粹集中營的倖存者……6號亞歷山大從小在孤兒院長大……這些介紹讓烏龜彷彿有了可以得到觀眾認同的身世與個性。

● 中央公園的烏龜競走表演，總是吸引許多人圍觀。

● 倫敦的水晶球街頭表演。

● 紐約的軟骨功街頭表演。

● 台北的街頭表演。

臺灣作家吳明益在小說《天橋上的魔術師》裡，描繪在已被拆除的臺北中華商場天橋上的魔術師大變戲法，讓小黑紙人在跟前跳舞的場景。我讀小學的時候，曾在中壢街頭看過一樣的魔術，當時我還把紙人買回家，不過紙人當然是連站立都不會，遑論跳舞。多年以後，在臺大校門口的地下道內，又看到紙人表演。我路過幾次，停下腳步仔細觀察，發現應該是有透明的微細絲線連接紙人與表演者的手腳，因為紙人跳舞的同時，表演者的腳會跟著動作。不過即使如此，表演者手腳的靈活仍然令人讚嘆。在美國留學時，又在紐約街頭第六大道上看到小紙人表演。表演者大聲說，紙人聽得懂多國語言，包括英文、西班牙文、德文還有中文，歡迎大家用各種語言下指令。我不信，於是自告奮勇說，我來試試看。我用英文告訴表演者，我會用中文請小紙人坐下。然後我就用中文說了「站起來」，結果小紙人真的動了──坐下了。我沒有拆穿，就只是失望的離開。

我曾在網路上看到一則有趣的街頭表演短片，藝人在人行道上表演默劇，假裝在摸一塊大玻璃窗，此時一個路人跑著過來，竟然就（假裝）真的撞上了玻璃。這記回馬槍，一定讓街頭藝人畢生難忘，觀眾也給予如雷掌聲。

## 鋼琴階梯

週末的報刊經常鼓勵讀者要多走樓梯少搭電梯，以鍛鍊身體，不過很少人真的聽勸。2009年，福斯汽車公司（Volkswagen）提供贊助將斯德哥爾摩的Odenplan地鐵站的一個樓梯轉換成可以運作的鋼琴鍵盤（Piano Staircase）。黑白相間的樓梯，腳每踏上一階，就會發出相應的音符。於是，通勤

的乘客（無論老少）都喜歡上上下下不停跳躍，演奏美麗的樂章。根據統計，有了鋼琴階梯之後，選擇走樓梯而不搭乘電扶梯的人增加了66%（參見紀錄短片http://www.thefuntheory.com/）。不但增加乘客的運動量，也提高了親子互動的機會。其後，中國南京地鐵2號線的學則路站，以及臺灣高雄捷運的高雄車站也都設置了鋼琴階梯。類似的概念也出現在街頭塗鴉，將一個瘦子人形與箭頭畫在樓梯前面，而電扶梯前的地面則畫著胖子的人形（恐有歧視胖子之嫌）。或者，在馬路上噴了象徵麥當勞速食的M，旁邊寫著「be fat」，而在腳踏車符號塗鴉旁寫著「be fit」。我一位學生的設計也別出心裁，是在電扶梯前面繪製一個3D大坑洞，讓人誤以為真，害怕踩進坑裡而不搭電扶梯，另外又在樓梯上彩繪紅色地毯，讓行人感覺彷彿走在星光大道上。

福斯汽車發言人表示，好玩／樂趣明顯可以鼓勵人們的正向行為，他稱之為好玩／樂趣理論（Fun can obviously change behaviour for the better, We call it the fun theory.）。他們也架

● 高雄捷運高雄站的鋼琴階梯。（劉育豪攝）

設網站，以推廣更多可以改善人們行為的方法，不過媒體調侃，應該不會包括「少開車」吧！

該公司舉辦徵件趣味競賽。為了鼓勵人們將垃圾丟進垃圾筒，而不是隨地亂丟，他們在垃圾筒裝了感應器。垃圾一丟進去，垃圾筒就會發出聲音，引發行人好奇。為提高後座兒童綁安全帶的比例，汽車椅背螢幕會顯示請繫上安全帶的圖示，等到真的繫上後，兒童才能使用耳機等影音設備。另外還有個得了創意獎的「車速樂透計畫」（The Speed Camera Lottery），瑞典政府為鼓勵汽車不要超過速限，在道路上設置測速拍照器，當車子通過後，車速會顯示在螢幕上，如果低於速限就可以參加樂透抽獎。結果，車速平均降低了22%。

高自殺率一直是南韓的重大社會問題。40歲以下的南韓人的死因，自殺排名第一。首爾的漢江是自殺的熱門地點，每年約有兩百人跳江自殺，漢江的麻浦橋更有「自殺大橋」之稱。首爾市政府先是在橋上設置智慧型監視器、警鈴等設施，如果有行人在橋上長時逗留或有汽車突然停靠在橋欄邊，監視系統就會自動向救助中心發送警告信號。後來市府又與廣告公司第一企劃（Cheil Worldwide）以及三星壽險（Samsung Life Insurance）合作，企圖藉由設置LED感應裝置、鼓勵人心的話語與照片，將麻浦橋轉化成為生命之橋。當行人經過橋上時，LED燈就會亮起，壓克力板上寫著「最好的時刻還在前面」、「困難有如大江東去」、「去見你想念的人」、「還有很多有趣的事情會發生」以及笑臉、家庭、伴侶等照片（參見紀錄片「Bridge of Life」。這個裝置計畫獲得坎城國際創意節的鈦獅獎，不過是否真的能有效降低自殺數字還有待時間檢驗。

## 跑酷人生

都市空間在滑板族的眼裡，不再擁有規劃設計者定義的用途，而是滑板玩家親身用身體去體驗、探索、研發技巧的實驗場。跑酷（parkour）則更進一步，連滑板都不要，只需要一雙球鞋，用肉身來重新界定都市空間的意義。

在樓頂上奔跑，跳躍至隔壁建築物的樓頂，翻滾起身，從樓梯扶手滑下，轉體飛身彈跳，越過窗戶，繼續奔跑。這種在人造建築空間中快速奔跑的動作，大大影響了近來電影中的動作風格。《企業戰士》、《終極警探4.0》等電影讓跑酷運動廣為人知，但是電影特效也讓人誤以為跑酷是一種炫技。

這種奔跑動作，源自於一群在巴黎利斯郊區成長的青少年。他們一如多數小孩，總喜歡在矮牆上行走、穿越圍籬、躍過交通錐。不同的是，他們保有童心，長大了仍然在都市空間中穿梭奔跑，並發展為跑酷運動，亦即障礙訓練（obstacle course），強調有效地縮短移動的時間與距離。其中的主要人物為大衛·貝爾（David Belle）與塞巴斯提安·富康（Sebastien Foucan），後因理念不合而分手。貝爾主演2004年法國電影《暴力特區》（Banlieue 13），並為英國BBC電視拍攝一分多鐘的廣告（https://www.youtube.com/watch?v=SAMAr8y-Vtw）而一舉成名。富康則將此運動發展成「自由奔跑」（free running），更注重動作的表達與創造。他主演了2006年的〇〇七電影《皇家夜總會》（Casino Royale）前二十分鐘的追逐戲，並參與瑪丹娜的全球巡演。

他們這群玩伴本來喜歡溜冰、玩滑板，可是市政府刻意在都市公共空間到處鋪上鵝卵石，讓他們無法玩耍。他們到公園

玩，又遭驅趕。結果他們開始攀爬任何可以攀爬的東西，找到克服障礙的移動方式。

跑酷是一種身體移動的藝術，在環境中不受限制地表達自我的藝術。它的重點不在於跳得多高或多遠，或者做出多炫的動作，而在於將自己的身體與環境結合，體會兩者的互動關係。因此，奔跑可以訓練身體協調、控制危險、面對恐懼，與培養專注的能力。跑酷也是一種態度。一般大眾只是在人行道上行走，跑酷者卻企圖嘗試探索不同的路徑。以走路取代搭車，以走樓梯取代搭乘電梯，並且以一種全新的方式看待建築物與都市空間，將障礙（如階梯、欄杆、牆壁）轉化成都市的家具、跳躍的起落點。城市因而不再死氣沉沉，而處處是風景。

他們只需有最原始的器材──自己的身體，和一雙球鞋，就可行走天下。一方面，他們回到動物的本能，追隨天生具有的跑、跳、遊戲的欲望，在空間中移動，就像水一樣，遇到岩石便毫不費力地從其上方、下方、左右流過；另一方面，他們使用最低限度的資本與科技，不需要特殊裝備與場地，就可以漫遊城市。

跑酷不是假日的休閒娛樂，而是生活方式與志業。他們並不是週末才練習、週間時又回到上班族的例行生活；任何時間、任何地點，他們都可以自由奔跑。在都市空間依照商業邏輯來組織、強調秩序與安全的年代，跑酷者重視自由，消解了現代科技資本主義都市地景的意義，將整個都市當作體操的練習場。

就這樣，跑酷從有效地縮短時間與距離的一種移動方式，演變

為身體與環境的對話,再成為一種生活方式與哲學。雖然跑酷具有危險性,需要從基本動作循序漸進練習,也非人人都能夠做出在屋頂與樓梯間跳躍這些特技般的動作,但是跑酷給我們的啟示是,每個人都可以將城市與人生視為運動場。不走最舒服的路徑,探索自己的身體,利用障礙來成長,為自己而跑。人生,不也是一種化障礙為成長助力的藝術嗎!

## 裸體漂流

美國攝影師斯潘賽・圖尼克(Spencer Tunick)自1992年起開始進行公共空間的集體裸體拍攝,目前已經在全世界組織超過75次的攝影計劃。一開始他拍攝的是單人或小群體的裸體照片,1994年在紐約聯合國前拍攝28名裸體的經驗徹底改變了他的計畫,從單純的裸體攝影轉變成裝置或行為攝影。將大量的裸體在地景中陳列,本身就形成一個量體,或者稱為肉體建築(flesh architecture)。在巴塞隆納有七千人,在墨西哥市有一萬八千人參與他的攝影計畫。即使沒有聽過他的名字,通常也在新聞媒體上看過他的作品。他先是在美國50州巡迴拍攝,然後走遍世界各地。有人批評他過於重複自己的創作,總是選擇一個地景、排列人體,然後拍照,已經毫無新意。不過自願參與者通常會說那是一個難忘的解放經驗,讓他們重新思考裸體與隱私的定義。但是自願者究竟有多少自主性呢?還是只能服從於攝影師的擺布而已?也有評論者認為他的作品意義過於稀薄,缺乏深意,就是一群裸體的照片而已,以致於雖然吸引媒體的目光,卻不受藝術評論的青睞。有人開玩笑說,他肯定保有讓最多人一起脫光衣服的世界紀錄。圖尼克認為一群裸露的身體可以組合幻化出新的意義。他曾經在瑞士冰河拍攝六百名自願裸體者,以表達對全球暖化的關切;也曾在紐約一家餐廳中拍攝85位愛滋帶原者,提醒世人關心愛滋病。儘管

作品充滿爭議，圖尼克仍持續在各地進行創作。關於他的作品，可參考三部HBO製作的紀錄片Naked States (2000), Naked World (2003), 與Positively Naked (2005)。他的個人網址為http://www.spencertunick.com/。

另一個有趣的攝影計畫來自巴黎。巴黎地鐵在34平方英哩的範圍裡有245個車站，站名不是車站所在的地名或道路名，而是取自法國歷史上的人物與地名。人們雖然對於通勤車站的空間很熟悉，卻不一定知道站名的歷史意義。攝影師賈諾‧阿邦（Janol Apin）從這兒得到靈感，於是開始一個名為「地鐵惡搞」（Métropolisson）的攝影計畫。他請模特兒在地鐵車站拍攝，呈現與站名相互呼應的趣味。在戴高樂站（Charles de Gaulle），戴著法國軍帽的戴高樂走過車站月台；在戰神廣場站（Champ de Mars，直譯為火星區域）太空人在此降落；在白屋站（Maison Blanc，諧音禁止白人），黑人阻止白人進入；在冰川站（Glacière），模特兒穿著羽絨衣戴毛帽候車，旁邊還有兩隻企鵝玩偶。從2006年至今，阿邦已經拍攝120張作品，巴黎人迫不及待想知道他會如何拍攝Cockfosters（直譯為養雞人）、Mudchute（直譯為泥瀑）、Pudding Mill Lane（直譯為布丁工廠巷）等車站。參考網頁：http://www.janol-apin.com/。

## 叫政治人物聽話

俄羅斯葉卡婕林堡市（Yekaterinburg）的馬路上有許多坑洞，媒體多次報導，政府都不理不睬。於是有人想出一個頗具創意的策略。他們找了塗鴉客，在主要道路的幾個大坑洞上，畫上重要政治人物的諷刺肖像，坑洞就是他們張開的大嘴，底下寫著他們曾經承諾要修路的文字。這個行動吸引眾多媒體的

目光,當天傍晚市府就派工人來,用漆將這些圖像塗掉。整個過程都遭媒體的攝影機全程拍下。於是塗鴉客又用模板噴了「用油漆蓋過並不是真正的修路」。然後,政府才真的派人將坑洞補好。「叫政治人物做事」(Make the Politicians Work)這個作品得到2013年坎城國際廣告節四個獎項。

● 塗鴉客在路面坑洞四周畫上政客的諷刺肖像畫。參考網頁:http://rt.com/news/road-ad-cannes-lions-952/

● 由土耳其工程師塞提內發起的彩虹階梯,讓路過的人發出會心一笑。(Migual Carminati攝)

2013年，土耳其伊斯坦堡一位退休工程師塞提內（Huseyin Cetinel），認為某個波希米亞社區的145層灰色階梯過於黯淡，無法與當地充滿活力的居民生活搭配，於是自費購買油漆，一同將階梯的最下面幾層塗成藍色，一方面給準備上階梯的民眾鼓勵，一方面歡迎剛下階梯的民眾。沒想到路過的行人對藍色樓梯讚賞有嘉，於是隔天他的朋友帶來更多不同顏色的油漆，花了四天的時間，將每三層階梯塗一種顏色。色彩繽紛的彩虹階梯，深受歡迎，路過的人們都面露微笑。觀光客、情侶、同志社群紛紛來此拍照。彩虹階梯瞬間在網路爆紅，原來單純的彩繪被賦予了社會抗議的意義。然而，儘管塞提內強調他彩繪階梯的目的單純只是希望帶給人們微笑，不是為了推展同志運動，但反對同性戀的市長仍認為彩虹是同性戀的象徵，於是僱用工人趁夜將階梯漆成灰色。隔天早晨，民眾發現心愛的彩虹階梯不見了，集結社群網站串連誓言要將階梯再漆回彩虹色，與另一股反對政府將公園關為購物中心的聲浪匯合，以奪回對公共空間發聲的權利。市長對於同性戀的打

● 大家開始仿效，街頭出現了更多彩虹階梯。　● 在彩虹階梯上擁吻的情侶。（Mira Hazzaa提供）
（Migual Carminati攝）

壓，讓許多市民氣憤。鄰近社區開始聲援此活動，聲浪及於整個土耳其，從黑海到地中海，不少城市居民跟進，將各地階梯、斑馬線、人行道漆成彩虹顏色（有的還會加上和平或反戰符號），以支持同志運動。一位來此拍攝婚紗照的新娘說：「人間充滿太多的衝突與苦難，而鮮艷多彩的場景可能是最好的治療」。土耳其的報紙則稱讚這是一件最為色彩繽紛的抗議行動。

## 與街頭對話

塗鴉究竟是破壞公物，還是美化環境，眾說紛紜。不過近年來，倒是有不少街頭塗鴉藝術家，嘗試與環境互動，讓都市空間增添繽紛的色彩與樂趣。其中最常見的就是，經由敏銳的觀察，將原本斑駁無聊的牆面加以畫龍點睛，就轉變了原本牆面的意義。例如理查・弗馬克（Richard Vermaak）擅用環境的元素，如牆面的污漬、不同材質相鄰的界面，加上卡通造型的骷髏人物，創造了一系列稱為 Skelewags 的塗鴉作品，讓本來無人注意的牆面瞬間生動了起來。有的藝術家則利用空間中的物件或植物加上繪畫或裝置，賦予空間新的生命。例如把樹叢變成頭髮、把門擋變成動物的鼻子、把巡邏箱轉換成電視等。有些專門與交通標誌或禁止標誌對話，如幫綠燈號誌上的小綠人穿各種衣服、在「附近有小學」的標誌上畫恐龍（追逐學童）、加上人物與酒杯讓禁止標誌的橫線成為吧枱等。或者將斑馬線變成條碼、梳子；把消防栓彩繪成史努比、維尼熊。

德國藝術家提姆・施尼德（Timm Schneider）用保麗龍或乒乓球製作成眼球，把它加到街道的物件（如垃圾筒、馬桶、門把等）上面（Cartoon Eyeball Street Art），因而改變了物件的意義。空間突然擬人化，讓經過的路人笑逐顏開。另一位德

● Skelewags塗鴉作品的網站，參考http://www.skelewags.com/

● 美國加州大學柏克萊分校建築系館。門擋經由學生的巧手，變成動物的鼻子。

● 空間中突然出現一雙眼睛，讓路人多了一份驚喜。

國藝術家詹‧佛曼（Jan Vormann）則從2007年開始在紐約、倫敦、特拉維夫等城市，使用樂高玩具將都市公共空間中牆上的坑洞補起，稱為「積木修城計畫」（Dispatchwork）。此英文係由Dispatch（散布）+ Patchwork（補丁）所組成。這個簡單、小孩都能上手（不過成本有點高）的活動，傳遞請大家愛惜生活環境的訊息，也讓看見的路人都能有好心情。世界各地城市紛紛跟進參與此計畫，臺北市也在2012年參與這個人人都是色彩藝術家的「積木小遊隙」。

接下來談談本地街頭藝術家的例子。重建街是新北市淡水的第一條老街，曾經是攤商聚集的熱鬧之地，但隨著淡水河岸開發而逐漸沒落，面臨拆除的命運。街頭藝術家殺蟲劑用粉筆在路面上畫了3D的攤販圖像，重現重建街過去繁榮的面貌，以緬懷歷史。居民與遊客的反應不一，有人感嘆街道即將拆除，向他吐吐苦水；有人很興奮地與圖畫合照，有人質問他為何亂畫，有人肆無忌憚刻意踩上它，也有熱愛這條街道的人幫忙保護它。另一個街頭計畫是殺蟲劑所屬的街頭藝術團體兔子蟲所做的「捷運貼紙」（4 X 4 Life Gallery）。他在4 X 4公分的小

● 小小的、多彩的樂高積木，竟也讓空間出現了新生命。

● 藝術家殺蟲劑用粉筆在
路面畫上具立體感的攤販
圖像。（殺蟲劑攝）

● 別具巧思的路邊小畫廊。（殺蟲劑攝）

方格裡畫上無聊的日常以及平常說不出口的話，接著框成小型的畫作形式，在臺北101個捷運站外開啟免費的小畫廊。大多數人視而不見，發現的人則會好奇靠近仔細端詳，或者會心一笑與之合照。他想用這種最直接的方式來改變這個愈來愈枯燥的無聊城市。

## 玩監視器

從電影《大都會》（Metropolis，1927，德國出品）、《摩登時代》（Modern Times，1936，美國出品）到《紅路》（Red Road，2006，丹麥出品），都可以看到老大哥（Big Brother）的身影。以打擊犯罪維護治安之名，許多國家以廣設監視器作為最省力的解決策略。隨著技術演進，鏡頭不但可以拉近拉遠、旋轉對焦，還可以辨識臉孔與車牌。洛杉磯為了取締街頭塗鴉，裝設了可以偵測噴漆罐搖動的特殊音頻的監視器，當有人噴漆，鏡頭馬上轉向音源，並直接連線附近警察局，讓警察可以即時趕到現場，逮捕現行犯。監視器也可以辨識路人的臉孔，分析此人可能犯罪機率的高低，提醒警察注意。自動櫃員機則在領錢的時候，會順道分析你過去的消費紀錄，推薦你本週的新院線電影。

反對監視器的團體「監視器玩家」（Surveillance Camera Players，簡稱SCP），由一群反對在公共空間設置監視器的人在紐約所組成。他們除了撰寫文章，在公共空間進行反監視器的表演，繪製監視器分布圖，也在週末舉辦徒步的社區監視器導覽。在歐洲也有類似的行動。倫敦與英國是全世界監視器密度最高的地方，記者羅斯‧克拉克（Ross Clark）嘗試挑戰從他家所在地東安格利亞（East Anglia）走到目的地南端碼頭（Southend Pier）共50英哩，而不要在任何一支監視器裡留下

影像紀錄。這有可能辦到嗎？這意味著他不能走高速公路，不能到加油站加油，不能使用手機與提款卡，不能到超級市場購物。

要靠監視器預防犯罪幾乎不太可能，依賴監視器而破案的實例也極其有限。我倒是聽過一則故事。有某大學系館遭竊，監視器留下小偷的身影，可是影像模糊難以辨認，唯一可以確定的是他的身材肥胖。結果後來沒有找到小偷，卻讓系上的胖子承受了污名。

## 街頭種菜

種菜也可以是一種空間裡的自主行動。游擊園圃（guerrilla gardening）最早出現在1970年代的紐約，主事者將荒廢的私地轉化成為漂亮的花園。透過在無人照管的廢棄土地上種植蔬果或花卉，讓我們重思土地所有權、閒置空間以及可食地景／都市農業的意義。受到國外這些團體的啟發，近年臺北一群大學生也成立「大猩猩游擊隊」，猩猩象徵我們與自然的緊密關係，以及衝擊社會的原始力量，游擊則指涉未經許可而在公共空間進行園藝種植的行為。2010年他們在溫州街社區發展協會認養的一塊「小野地」上種花種菜。接著，為了抵抗臺北市政府「臺北好好看系列二」中美化市容的「假公園」政策，他們選擇羅斯福路一塊綠地，著手規劃「便當菜園」（種植便當使用的菜）、「鳳仙輪流轉」（彩繪廢棄輪胎，種植色彩鮮艷的鳳仙花）與「桑心酒店」（種植桑樹）的游擊種菜行動。另外，他們也組成腳踏車車隊，在菜籃裡種植作物，還傳授店家有機的厚土種植法，在店家窗台混植香草與蔬菜。

「南港甜甜圈」是大猩猩的第一個游擊計畫。有鑑於「視覺美

觀」的草坪，其實犧牲了生物多樣性，且浪費維護所需的資源，大猩猩用友善農法打造了生機蓬勃的菜圃。他們又在臺大圖書館前草坪開闢一個心型的小菜圃，種植南瓜、薄荷、青椒等可食作物。這些行動不斷提醒我們反省人與土地的關係、可食地景與視覺地景的差異，以及社區營造的多元可能性。

另外一個例子，與臺灣原住民有關。原住民過去由於受到外部族群的侵擾，為求自保，往往將部落遷居於山勢險峻、坡地陡峭、土壤貧瘠的地方。原住民族也因此發展出一套適應當地環境及氣候的生活慣習及飲食文化。即便現今因環境災變與經濟等因素，族人遷居到平地地區及永久屋基地，也不曾改變在山上的日常生活慣習，只是稍加調整。例如，因為永久屋基地的耕地面積大幅限縮，族人不得已在道路分隔島、家屋旁的停車場及筆直道路旁的畸零地來種植食用植物，如小米、樹豆、紅藜、地瓜或旱芋等。只要有「土」的地方，原住民都會設法種植作物，盡量不要讓土地閒置。

● 原住民在家屋旁的畸零地種菜。（嘎西攝）

# 街頭行動詩：
# 至少破曉前我們很安全（作者：鴻鴻）

詩取自生活，其下場卻往往埋進書頁，從此不見天日。如何把
詩釋放回生活中，和芸芸大眾產生新的互動，是為行動詩的
緣起。有人用幾個字詮釋環境，也有人用環境為詩句提供新
解。是遊戲，是破壞，也是一場最經濟、最有效、保證無人傷
亡也無人因此而無家可歸的都市更新。

1.

俄羅斯金環小鎮的一幅塗
鴉，讓情侶自行入座。這種
2D和3D的真人互動，是最
簡單卻也最動人的詩意。

2.

師大夜市電箱上的塗鴉，也邀請路過的
人自行填空。「請務必加我」「請好好
愛我」「請別離開我」……無論你身在
何種情況，都可以各取所需。

3.
師大路上的石桌,原為學生、情侶候人或野餐之處。馬華詩人eL的詩句,在這裡詮釋著空等的人,以及失去的人。

4.
「夢啊你是怠忽職守的接線生」,透過夢,永遠無法接上我想聯繫的人。這是「魂魄不曾來入夢」的現代版吧!配上兩台孤伶伶的公用電話,真是再恰切不過了。只不知若有人拿起話筒,驀然得見,會不會悲從中來呢?

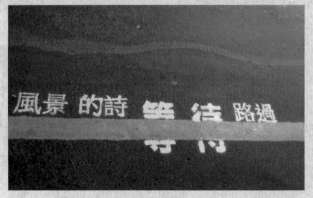

5.
被分向線壓過的詩句,提醒著每個過路者,風景在等你。

6.
也有一種塗鴉，很適合當作對話框。「你怎麼會有這種想法呢？」一句反問，打破了文藝腔的抒情，卻激盪出令人莞爾的詩意。

7.
滿街房屋廣告，買得起有幾人？現代武陵人，恐怕得腰纏萬貫才成。建商的美麗言語，路人只能無言以對。幸而還有塗鴉客回他一句：「幹嘛？」

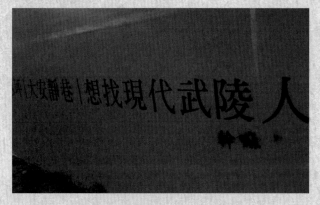

8.
不經品題，還沒注意到這道牆上好多東西，組合得十分微妙。

9.

花蓮的二二八紀念碑，卻被不倫不類刻記上了
「忠孝仁愛」，極為反諷。不正是這種忠君愛
國的八股概念，造成了歷史的悲劇？旁邊遭
塗鴉補上的詩句，又反向質疑了這種教條——
「忠孝仁愛——在這樣的夜迷失」。

10.

有時候不需加，只
要刪。用「劃掉劃
掉劃掉」的方法，
把一行牛仔褲廣
告，改寫成革命的
宣言。

11.
塗在牆上的詩只能守株待
兔，寫在鈔票上的詩，卻
能四處流通。拿到的人也
許終於明白，中山先生為
什麼笑了。

12.
這是余光中的詩，來自
〈雙人床〉。也是夜晚塗
鴉客的留言：「至少在破
曉前我們很安全」。或
許，還是郵筒中待寄信件
的心聲。這幅塗鴉被許多
人拍攝上傳，盧廣仲和他
的吉他也一同作證。

# 叛民城市之暗黑旅誌 （作者：王志弘、林佳瑋、洪冬力、徐瑩峰、陳琳、陳政邦、陳俐君、楊宜靜、蔡正芸、鍾翰）

不論是套裝大旅遊、自助小旅行，或是平凡的日常移動，我們接觸城市並與之發生關係。地方行銷、主題地圖、意象塑造的觀光指南、導覽材料，引導我們的視覺經驗。然而，這些主導性的敘事，引領我們看見什麼樣的城市呢？

在資本主義全球化所激化的城市競爭趨勢下，城市行銷、意象塑造，以及文化保存與發展，都成為確保差異以便維持競爭優勢的手段。除了提高城市聲望和招商引資外，最主要就是藉此吸引各種類型的觀光客。無論大眾觀光或小眾旅行、運動賽事與節慶、國際會議，都是城市行銷的手段。這股力量不僅透過各種再現與導覽裝置，引導觀看與移動的動線，並積極塑造合宜亮麗且引人注目的地景，指向某種對城市經驗的特定認知、體驗與想像。但另一方面，面對國家權力、資本主義和異性戀體制等主導力量及其地景，我們是否可能引導人們看見邊緣的、縫隙的、虛弱的、底層的、另類的、叛逆的其他景象，從而對城市有不同體驗，進而察知城市生活中的正義與不義、欲望與創傷、焦慮與壓抑的糾葛？

基於此，我們規劃設計一套另類的城市導覽，或許是一種能接軌主流熟悉的感知類型，又能夠塑造差異化經驗的方法。我們選定大臺北都會區，以清領、日本殖民迄今的各種人民反叛事

# 叛民城市！

件及其地景為對象，籌畫一套徒步導覽裝置，藉此塑造不同的城市記憶和體驗。這套導覽裝置包含一部書、數張導覽海報與地圖，以及幾套徒步導覽行程企劃，提供讀者關於城市另類歷史與記憶的線索，覺察地方內外多層次的衝突和矛盾，看見一座逃逸於主流敘事之外的「叛民城市」。叛民在這裡指涉兩種類型。其一是各種各樣對抗體制的抗爭組織或反抗行動，從政治權利運動、性別運動、農工運動等，到鄰避、保存、反開發等議題。我們不僅關注抗爭事件的始末，也看見組織動員過程及其中價值立場的爭辯。第二種則是與主流都市地景想像格格不入，受到歧視、排除與污名的群體或事物。他們迫使社會面對主流價值體系的內在衝突與矛盾，揭穿主導性秩序的表面和平。在這個意義上，「存在即反叛」。基於以上兩種類別，我們自大臺北都會區的範圍內，選出53個地點、事件為導覽點，逐一介紹事件脈絡與爭議，引導讀者走訪，並看見潛藏於都市地景中的反叛靈魂。

## 1. 新光紡織士林廠：被買斷的青春

新光紡織士林廠是臺灣第一家人造棉紗廠，1988年以「機器設備老舊，經營虧損無法繼續營運」為由，宣布關廠。弔詭的是，關廠隔年，新光集團就在臺北車站前蓋起了當時全臺灣最高的大樓——新光摩天大樓。兩相對照，令人不勝唏噓。新光紡織士林廠原有約四百名員工，其中三分之二是原住民女建教合作生，是既易於管理，又可以低廉薪資僱得的手腳勤快的勞動力。員工因不滿資方關廠以及用完即丟的態度，成立自救會持續抗爭。最後工人沒能爭取到工作權，也無法阻止關廠。整起關廠案件如實地表現出，在都市轉型的過程中，工人的價值與勞動力被輕易地以貨幣作為度量單位，交易、買斷；而土地也不再是生產要素，只是可供買賣的物件。

## 2. 剝皮寮歷史街區：樣本化的在地生活

剝皮寮舊稱「福皮寮」、「北皮寮」，清朝時期就是往來古亭、景美等地的要道。1940年代日人將剝皮寮劃為老松公學校用地，戰後國民政府沿用，長期限建，反而保留了前清與日治的街屋紋理。1997年底因接近法定徵收年限，政府決定強制拆除房屋。面對拆除危機，居民組成自救會，並尋求專業者協助，希望藉由聚落活化等概念，同時保留居民生活與街道建築。臺北市政府雖承認剝皮寮的歷史價值，不過仍強制驅離居民，修復建築，讓這處充滿爭議的街區，以鄉土教學與藝文活動場所的面貌出現在大眾眼前。弔詭的是，歷史保存的初衷在於看到常民生活的價值，但在剝皮寮，卻僅僅保存空間皮相，驅離了生活其中的人，納入其他高級化的文創活動。人們參觀的同時，也憑弔了貧瘠的文化想像。

● 剝皮寮的歷史街區建築群騎樓。

● 位於剝皮寮的鄉土教育中心。

## 3. 再興社區與關愛之家抗爭：以愛之名

2006年在愛心人士協助下，收容愛滋寶寶的關愛之家落腳於
再興社區。然社區管委會以社區規約「住戶不得將社區建物
提供收容或安置法定傳染疾病」為由，要求協會三個月內搬
走。愛滋病患收容所因為污名化而成為鄰避設施，但耳鼻喉科
診所經常有感冒患者出入，病毒可能經由空氣散播，卻被視為
便利設施。因此，面對愛滋病，人們恐懼的不見得是感染疾病
的風險，而是對於非我族類的排斥。2007年二審判決關愛之
家勝訴，強調愛滋病患不論是由民間團體收容，或由公私立機
構安養，社會均不得予以歧視或拒絕。

## 4. 土城彈藥庫：反對看守所，捍衛綠寶石

1955年政府選定當時位於都市邊緣的土城埤塘里興建彈藥
庫，世代務農的居民，被迫與軍方共同生活，日常出入都受到
嚴格管制。但是長年的軍事管制，卻意外保留了這塊豐富的生
態自然環境。2007年，政府欲將臺北看守所搬遷至此。居民
有感於失去土地的危機，開始組織動員。為了維護這片大臺北
之肺、生態綠寶石，居民主張尊重自然生態的發展方式，認為
看守所搬遷只是化妝術，合理化政府的土地徵收，更遮掩後續
商辦住宅之開發利益。

● 土城彈藥庫。（黃麗玲攝）

「向前走、向前走，臺灣人民向前走」由抗議人群所構成的民主戰車隨著口號，不斷衝撞包圍臺北中山北路五星級飯店晶華酒店的警方人牆。2008年，有史以來層級最高的訪臺中國官員陳雲林抵臺，下榻晶華酒店，引發了上揚唱片行事件、包圍晶華酒店以及圍城事件。此次的人民「暴動」最特別的是，與過去抗爭僅鎖定單一特殊地點不同，「暴民」從都市各個角落迅速往中山北路集結；動員速度之快，不僅是過去政黨抗爭運動所未見，也讓臺北市警局措手不及。事件結束後，「暴民」迅速散去，消失在一般市民之中。「暴民」的能動性及隱身性，標誌著臺灣群眾運動的新階段——非黨派動員的底層人民，以都市作為戰場的街頭游擊。

雲林事件中，舉著「台灣魂」標語的抗議者。（張旖容攝）

● 陳雲林訪台途中，警方為了阻擋抗議「暴民」而在臺大醫院外設置的拒馬。

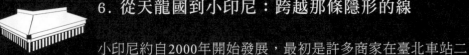

## 6. 從天龍國到小印尼：跨越那條隱形的線

小印尼約自2000年開始發展，最初是許多商家在臺北車站二樓販賣東南亞相關雜貨，並提供貨運服務。後來車站內部空間重新規劃，大部分商家便「獨立建國」。菲律賓商家遷至中山北路，印尼店家則擴展至北平西路一帶。這個被交通路網切割出來的狹長地帶，除了有東南亞百貨，還有卡拉OK複合式印尼餐廳、銀行、美容院。每到假日，難得休息的外籍勞工從各地來到店裡和朋友唱歌、燙頭髮、叫一桌子菜。雖然進口食材所費不貲，但花些錢召喚家鄉味，解解鄉愁，也稱得上划算。

開齋節是伊斯蘭教重要節慶，有機會放假的人從四面八方湧入臺北火車站，挨「群」挨「團」席地而坐，和朋友互道快樂。沒想到遭旅客投訴，臺鐵隨後在大廳拉起紅龍，公告禁止組織性集會。2013年9月15日由臉書社團「自煮公民」發起「公民崛起之915臺北車站吃喝躺」活動，聲援外籍勞工的公共空間使用權。

● 在小印尼舉辦的活動，有許多來自東南亞的移動勞工參與。

## 7. 艋舺公園與遊民：天地為家‧街頭作客廳

萬華作為臺北市最早因河港之便而繁華發展的街市，聚集了產業與人潮。清代時，龍山寺前廣場即是「點工」的所在地。所謂點工，是指過剩的勞動人口因競求工作，而成為群集街頭的粗工文化和街友現象。龍山寺香火鼎盛，許多人會在鄰近施捨救濟貧困者。早在日本殖民時期，萬華大理街一代就有乞丐寮之稱。近來在翻轉東西軸線的施政口號下，萬華也逐漸轉化。遊民成為力圖翻新的地景所欲去之而後快的毒瘤。2011年，市府在寒流來襲的雨夜，藉清潔地面之名以高壓水槍噴灑遊民的落腳處，導致許多遊民因地面濕滑，喪失棲身過夜的處所。市議員應曉薇還在議會發言，宣稱灑水應該發獎金，引起廣大爭議。這則底層階級的權力抗衡，提醒我們，艋舺公園與遊民敘事正是叛民城市的張力所在。

B1 ———— 算命街‧捷運站

B2 ———— 日用雜貨，
亦有俱樂部分佈於此樓層
（現多為空廳位）

( before 2013.05 )
B2, B3 ———— 地下練歌場‧練舞室‧
社區老人活動中心

● 龍山公園與捷運地下街，皆是街友經常聚集的地方。

# 8. 華光金磚上的遺民:強拆暴政,罰款殺人

華光社區形成於二十世紀初。日本殖民時代,日本人拆除臺北城牆,取其磚石重新砌成監獄高牆。高牆內是臺北刑務所,牆外則是刑務人員的宿舍。戰後因宿舍數量不足,政府默許公務人員在空地上自建居所。1960年代後,城鄉移民大量湧入臺北,也包括華光社區在內。2000年起,政府陸續公告發展願景,並將當地居民貼上不當得利的標籤,透過訴訟驅逐居民。在這種都市再發展過程中,華光社區被當成「素地」,冠上金雞母、金磚之名。居住其上的人、動植物、空間紋理時間印痕盡遭抹去,重寫為臺北華爾街、臺北六本木等虛幻地景。這裡見證政策規劃暴力如何將人們的日常生活抽成真空。人們被迫離開市中心的生活場所,朝邊緣移動,至今下落不明。

● 2013年4月24日,政府強力拆除華光社區。(侯惠芳攝)

● 華光社區殘存的壁面與門窗,仍懸掛著居民手寫的牌子:「我無家,我負債」。(張立本攝)

臺北歸綏街文萌樓為1925年由日本建設組織蓬萊會社所造，它不但見證近百年臺北風月史，也是臺灣第一個標誌性工作與妓權運動的古蹟。在文萌樓，至今仍可見當年公娼阿姨的執業空間，包括職業牌照、小姐的休息室與窄小的通廊。停車位大小的板房地上，可見曾隔間為三個執業室的痕跡，而絲毫不遮掩的氣窗彷彿乍傳嬌嗔。2000年文萌樓被劃入都市更新地區。2006年底雖由文化局公告為古蹟，卻無法抵抗都更暴利的誘惑。日日春協會被新屋主要求遷出，目前仍在法院上訴中。因廢公娼事件而引發的性工作權抗爭，乃至於文化保存爭

● 文萌樓遺址外觀。

● 文萌樓內，昔日性工作者的工作場所。

議，在文萌樓依然留有餘韻可供尋訪。

## 10. 淡北快速道路：一條加快七分鐘的道路

1990年代為了紓解房地產飆漲壓力，政府於全台五處開發新市鎮，其中淡水新市鎮因交通壅塞等因素，發展不易。冀求發展的地方居民組成「淡水環河快速道路促進會」與反對淡水環快興建的「滬尾文史工作室」、「淡水史田野工作室」展開長達二十年的道路爭辯。歷經三年的環評，在尚未通過下，縣府急於2011年舉辦開工儀式。在抗議聲中，進度拖延，但是基礎工程仍舊持續進行。這個道路工程只能節省臺北市至淡水地區七分鐘的路程，卻要付出破壞珍貴紅樹林保護區的代價，而環境評估竟也能過關。這意味著在政府決策順位中，經濟發展遠遠凌駕於生態保育之上。如果這並非你我所期待的未來，而我們能夠做的就是站出來，讓政府聽見民眾的聲音。

**延伸閱讀**

侯志仁（編）（2013）《反造城市：台灣非典型都市規劃術》。臺北：左岸文化。

侯志仁（編）（2013）《城市造反：全球非典型都市規劃術》。臺北：左岸文化。

# 10種畫地圖的方法

任何一張地圖都不是客觀的，都涉及特定的觀點，為特定利益而服務。麥卡托世界地圖是為航海用途而繪製，不適合放在教室的牆上；彼得斯世界地圖（Peters Projection）強調等面積、公平與正義；澳洲在上的地圖（McArthur's Map of the World）挑戰北半球至上的偏見；多倫多等距地圖（Toronto-Centered Equidistant Map）除了可以看出世界上任一城市與多倫多的距離外，沒有其他用途。我們必須接受地圖是利益的再現，不必再假裝客觀，重要的是掌握地圖所站的立場。而繪製地圖也不再是地理學者的專利，每個人都可以繪製地圖來改變這個世界。

我在臺灣大學所開設的「人與環境關係導論」的課程中，有一個作業是要學生選擇一個主題繪製臺大地圖。結果我收到各式各樣的地圖，包括約會地圖（羅列臺大校園內適合約會的地點，重點是具有隱私又安全）、公共廁所分布地圖（讓週末來臺大校園參觀的校外人士方便使用）、棄屍地圖（其實關注的是校園內有哪些地方像是荒郊野外，無人看管，因此便於棄屍）、聲音地圖（拿著錄音筆錄下校園不同角落的聲音）、交通危險地圖（指出校園內容易發生交通事故的地點，例如過道狹窄、有交叉穿越之交通、人車沒有分離的通道）、吸菸地圖（臺大校園全面禁菸，又沒有指定吸菸空間，有菸癮的同學只

好躲在各種角落、樓頂吸菸）、危險地圖（過於陰暗、附近無
人活動、視線無法穿透、無非正式監視的空間死角）、夜間照
明地圖與水地圖。

臺灣也曾舉辦地理資訊教學應用與電腦繪圖競賽，獲獎的地圖
有〈公平與正義：全球死刑制度實施概況〉、〈2011年全球
難民大遷徙〉、〈臺灣地區健康平等權的區位落差〉、〈跟
著COME BUY珍珠奶茶繞地球〉、〈臺灣襪類出口分布與變
遷〉等。

近來有關各種處理政治、經濟、文化、社會、環境等議題的地
圖書籍愈來愈多，例如《地圖會說話》、《用地圖看懂全球經
濟趨勢》、《通往世界的大地圖》、《100種世界地圖的有趣
看法》、《氣候變遷地圖》、《水資源地圖》等。底下簡略介
紹9種畫地圖的方法。

（1）生活地圖：紐約客薇琪・羅維爾（Vicki Rovere）有鑑於
許多女性在紐約街頭活動時很難找到免費公共廁所，只能去
需要付費的餐廳、咖啡廳消費和如廁。於是她展開徒步大調
查，出版《到哪上：曼哈頓廁所指南》（*Where to Go: A Guide
to Manhattan's Toilets*）。她詳細羅列免費廁所（可能位於圖
書館、書店、百貨公司等）的地址、內部設施與開放時間。
此外，跨性別者感嘆既有的男女二分廁所，強化了性別刻板
展演，使用男／女廁會遭到異樣的眼光，於是架設「安全尿
尿」網站（http://safe2pee.org/new/）。任何人只要知道哪裡有
性別友善廁所（Gender Neutral Restroom），就可以上網輸入
廁所的地址。使用者上網點選計畫造訪的城市，就會出現友善
廁所的地圖與廁所的詳細資料。

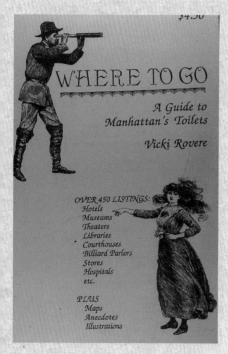

● 《到哪上：曼哈頓廁所指南》書影。

● 「安全尿尿」網站的首頁。

● 「無障礙地圖」網站的首頁。

倫敦地鐵最近出版一張無障礙地圖（Avoiding Stairs Tube Guide），清楚標示哪個地鐵站設有斜坡、電扶梯或電梯。紐約則有電台出版了《文化設施無障礙手冊》（*Access for All: A Guide for People with Disabilities to New York City Cultural Institutions*），詳細羅列哪個文化設施有無障礙設施，包括無障礙廁所的位置、走道寬度、把手高度、開放時間等訊息。輪椅使用者傑森・達西瓦（Jason DaSilva）也發起由使用者繪製世界無障礙地圖（AXSMap）的活動，任何人都可以上網輸入無障礙空間的位址資訊，有需要者可以根據建物種類、街道地址免費上網查詢（http://www.axsmap.com/）。

（2）主題地圖：相較於文字，地圖可以讓人在瞬間掌握某個現象在不同地域的分佈情形。一張有創意的地圖，不只可以描述現況，更能看穿事物背後的權力作用。目前就有許多以有趣的地圖為名在網路上流傳的實例，例如世界各國領導人教育學科背景地圖、不曾受英國侵略的國家地圖、產假有薪的世界地圖、不使用公制單位的國家地圖、核能電廠世界分佈圖、石油進出口流向世界地圖等。

英國心理學家亞德里安・懷特（Adrian White）與同僚利用世界衛生組織（WHO）以及其他調查統計資料，於2006年首度繪製「世界快樂地圖」（World Map of Happiness）。丹麥、瑞士、奧地利排前三名，美國排名23。比較特殊的是屬於貧窮的國家不丹排名第八。臺灣則排名第68。聯合國公布的《2013世界快樂報告》則顯示，參加評比的156個國家中，臺灣排名42。而前五名的國家中，有四個國家已通過同志婚姻合法。除了因為有種族問題（南非）以及貧窮問題（葡萄牙）的國家之外，其他通過同志婚姻合法的國家都比臺灣快樂。這表示，愈尊重性別多元價值、有愈完善社會福利制度的

國家，人民就愈幸福。

《經濟學人》曾繪製〈世界肥胖地圖〉，答案揭曉，美國是世界上肥胖人口比例次高的國家，有三分之二成年人的體重超重。富裕國家的人，因為缺少運動（開車、不走路）、飲食習慣差（吃大量高脂肪、高糖的垃圾食物與高度加工食品）而肥胖；而貧窮國家如墨西哥，則因為平均一天喝兩瓶可口可樂而成為肥胖國。2013年墨西哥的肥胖率超越美國，成為世界第一胖子國。根據統計，2008年全球大約有15億成年人超重或肥胖，占全世界成年人口約三分之一。

美國華盛頓郵報於2013年公布一張〈超級郵遞區號地圖〉（Super Zips）。製作者根據家庭平均所得與擁有大學學歷比例，給予每一個郵遞區號評分，從0到99分。其中有650個郵遞區號的得分在95分以上，稱之為超級郵遞區號。這些地區的平均所得為12萬美金，68%的成人擁有大學以上的學位。其他地區的平均所得則為5萬4千美金，27%成人有大學學歷。使用滑鼠瀏覽，可以得知每一個郵遞區號的得分。

2010年，臺大地理系賴進貴教授利用臺大新生資料和人口統計，計算各地區學齡人口考上臺大的比率，繪製了〈生在何處〉地圖。他發現臺北市大安區高居全國第一，平均每十四人就有一人上臺大，而花蓮台東地區則平均兩、三百人才有一人可念臺大。從這個張地圖可以看見，社經背景如何在代間複製。還有一張地圖也很有趣，讀者可以自己畫畫看，以臺北市的各個捷運站為圓心，十分鐘步行距離為半徑畫圓。這張臺北市步行距離覆蓋圖中，沒有被任何圓圈覆蓋的地方，集中在哪些地區？

● 由臺大地理系賴進貴教授繪製的〈生在何處〉地圖。

● 如圖所示，手機的軟體也可以計算你移動的路徑，馬克先生就是用這方法寫了求婚的句子。（林盈志提供）

● 法國街頭藝術家侵略者在街頭用馬賽克貼的太空侵略者圖像。（郭一勤攝）

（3）另類景點旅遊地圖：由鄭南榕基金會（http://www.nylon.org.tw/）所維護更新的〈臺灣人權地圖〉，地圖上每一個紅點代表一則感人的人權故事，包括馬場町、中壢事件、白色恐怖槍決者墓園、林宅血案現場、貢寮核四廠、蘭嶼核廢料場、九份戰俘營、常德街事件等。由女書店所出版的《女人屐痕：臺灣女性文化地標》則探索臺灣歷史上具有開拓性並改變了女性社會地位的空間，繪製出一幅臺灣女性文化活動地圖。吳易蓁也於2013年出版《自由背包客：台灣民主景點小旅行》（玉山社出版），介紹臺灣各地的民主景點，讓背包客在旅行中認識臺灣得來不易的民主。

（4）地圖上的地圖：2014年1月舊金山一名男子墨菲・馬克（Murphy Mack）花了80分鐘，燃燒749卡熱量，用腳踏車騎出一個愛心圖像，愛心中有「跟我結婚吧，愛蜜莉」（Marry me, Emily）的字樣（總長18英哩），向女友求婚。他利用自行車路線跟蹤應用程式 Strava來記錄這則愛的勞動。Strava可以經由手機上的GPS記錄行車路徑以及距離、速度、海拔、熱量消耗等數據，並上傳移動路線與朋友分享。他得到女友的答案：「我願意」。

稍早，美國北卡州另一位男子史提芬（Steven）也用腳踏車騎出「跟我結婚好嗎？」（Will you marry me?）的字樣，向女友求婚。他們的行動也在腳踏車與長跑愛好者間帶起一股用騎車跑步來畫圖或傳祕密簡訊的風潮。

法國街頭藝術家侵略者（Invader）因熱衷傳統電玩小蜜蜂與點陣藝術，1998年開始使用馬賽克在巴黎街頭黏貼太空侵略者的圖像。多年後，他決定要周遊列國，並出版各城市的「侵略地圖」（The Invasion Map），在城市地圖上標示自己塗鴉作

品的位置，讓讀者按圖索驥。有趣的是，將法國南部小鎮蒙貝利耶（Montpellier）地圖上所有侵略者的塗鴉作品標示出來後，正好就是一個太空侵略者的圖像。

此外，一名美國科學教師麥可‧瓦勒斯（Michael J. Wallace），也是腳踏車愛好者，結合科技、創意與運動，利用GPS記錄移動路徑的功能，在巴爾的摩市（Baltimore）騎腳踏車從事藝術創作，例如騎出小怪獸、史努比、釣魚、帆船、骷髏頭，甚至世界地圖等圖形。他稱此行動為GPX Riding，用以創作數位噴畫（digitally spray painting）。（參見https://www.facebook.com/pages/Wally-GPX/456858354422414）。

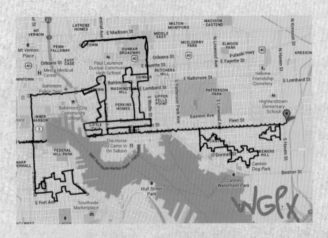

● 瓦勒斯用腳踏車騎出來的藝術創作，是兩個人在釣魚。（瓦勒斯提供）

● 這也是瓦勒斯的作品，是地圖中的地圖。（瓦勒斯提供）瓦勒斯的聯絡方式是：Facebook: Wally GPX。Web: www.WallyGPX.com
他歡迎各國朋友與他串連。

（5）國家世界地圖：世界上究竟有幾個國家呢？聯合國有193個會員國（不同年代會有所變動），2012年倫敦奧運則有204個國家代表隊參加。梵蒂岡是國家但其實不像、香港實質上像一個國家但是不算。所以國家應該如何界定？有自己的領土、人民、國旗、護照就算是國家嗎？2005年英國作家丹尼・瓦勒斯（Danny Wallace）突發奇想，想自己建立一個國家。於是他開始劃定領土（自己家裡）、製作國歌國旗，還招募了五千多名國民。現在世界上有近百個從國民、領土、政府、護照、郵票，到貨幣都具備的「微國家」，雖然不受聯合國承認，但是卻是許多人心中的夢想國（參見《微國家：獨立建國的簡易操作手冊》〔*How to Start Your Own Country*〕，厄文・史特勞斯〔Erwin S. Strauss〕著）。

（6）如果世界是100人村：這個想法來自於一封在全球到處轉寄的電子郵件，原始作者已經無法查考。目前全世界有70億人口，如果世界縮小成只有100人的村子，會變成怎樣呢？這一百人之中，有15人營養不良，1人瀕臨餓死邊緣，但也有21人過於肥胖；有20人耗費掉其中八成能源，有80人分用著剩下的二成能源；有17人不識字、13人沒有乾淨的水喝、22人沒有電、48人每天的生活費低於2美金。

（7）臺北市的紐約／東京地圖：有文化人士將師大商圈一帶叫做「南村落」（挪用紐約East Village之名）；政府對華光社區的開發計畫名稱，從2007年的「臺北華爾街」變成2012年「臺北六本木」；社子島夢想要投資七百億以成為「臺北曼哈頓」；信義計劃區也自詡為臺北曼哈頓；大安森林公園與新北市三重的大臺北都會公園都妄想要與紐約中央公園媲美；臺北車站特定專用區內的雙幢摩天大樓取名為「臺北雙子星大樓」（借用紐約世界貿易中心大樓之名，但是它已經倒塌了

啊）；臺北資訊園區的目標是打造成「臺北秋葉原」。這些地名的挪用，經常曲解紐約／東京的地理歷史，同時罔顧臺北市的各種有限資源與條件，彷彿掛上了紐約與東京的地名就可以瞬間變身，實踐願景。如果將這些異國的地名分別標示在臺北地圖上，正可以突顯臺北市的缺乏自信與媚外。

（8）臺北人眼中的臺灣：最近網路經常流傳「偏見」地圖，例如在美國人眼中的世界裡，墨西哥是幫忙美國人打掃和洗衣服的鄰居、非洲是咖啡的產地、中國是製造各種產品的國家、南極是一個很冷的地方。臺灣人眼中的世界，美國是邪惡帝國、中國盛產黑心食品、菲律賓有很多人叫做瑪莉亞、日本到處都是A片、非洲是媽媽說如果飯沒有吃完要把我送去的地方。至於臺北人眼中的臺灣，除了臺北之外通通都是南部，包括基隆與宜蘭。這些地圖指出了某個社會由於缺乏知識與理解，對其他地域環境的簡化偏見，談笑之餘，也要反省自己不要重蹈這些偏見的錯誤。

（9）臺灣地圖：地圖形塑了人們的空間認知與對世界的想像。雖然地理位置不變，但是不同的角度與眼界會影響我們認識臺灣在世界中的戰略位置與角色。前教育部長杜正勝曾經在中研院演講時延續他的同心圓觀（以臺灣為中心向外觀看世界），轉引以傳統地圖逆時鐘旋轉九十度後（約東方在上）的臺灣橫躺的地圖：〈我們的東亞鄰居〉，讓臺灣與周遭東亞鄰居的關係更為清晰可見（試想臺灣原住民與紐西蘭毛利人的血緣關係、臺灣在南島語系中的位置、就地質上而言臺灣就位於花采列島的中央、臺灣也有幾十萬來自東南亞的移工）。可惜此地圖遭到政治人物批評過於政治化、違反國際北方為上的繪圖規則。地圖上的「北」或者「上」方，不只是單純的地理方位，也同時帶有「優越」的意涵，這也是麥克阿瑟繪製「澳洲

●新北市房地產廣告看板，寫著「大台北曼哈頓」。

● 中國廈門大學芙蓉隧道內牆上由學生所繪的世界地圖。

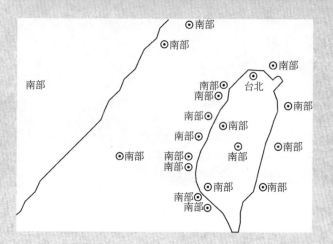

● 許多臺北人心中，出了臺北，其他地方都叫做「南部」，包括基隆與宜蘭。

在上」地圖企圖對抗與翻轉的價值。〈我們的東亞鄰居〉將臺灣置於中間下方，抬頭環視太平洋週邊的友鄰，而中國則位於臺灣的下方。臺灣不再是孤伶伶的島國，不再無視東亞鄰居，也不再蜷縮在中國的東南角落只能對之仰望。

這張地圖事實上是在2004年，由文建會邀請臺大地理系所繪製的七張以臺灣為主體、從不同角度觀看臺灣的「臺灣觀點地圖」之一。其他還有〈南島朋友們〉、〈從海底看臺灣〉、〈來自巴丹島〉、〈唐山過台灣〉、〈臺灣的主張〉、〈天涯若比鄰〉。地圖不必定於一尊，不同的繪製觀點可以讓我們對臺灣有不同的認識與反省。臺北也不一定要在上，在旋轉的過程中，我們的視野只會更加開闊與延伸。

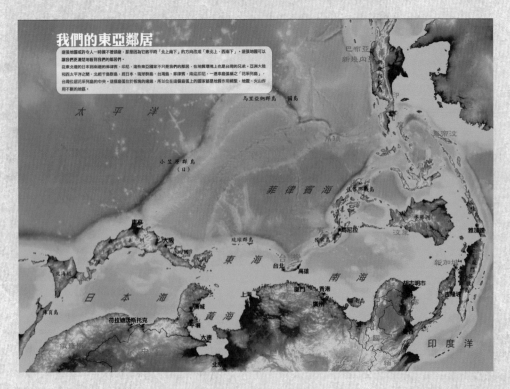

● 我們的東亞鄰居，2004年文建會出版。（臺大地理系賴進貴教授提供）

（10）最後一張地圖，請讀者自己來畫。讀完這本書，你對空間有什麼新的想像呢？

**延伸閱讀**

葉高華部落格「地圖會說話」http://mapstalk.blogspot.tw/

肯恩・詹寧斯（Jennings, K. , 2013）《掛在地圖上的狂想者》

（*Maphead: Charting the Wide, Weird World of Geography Wonks*）。

臺北：臉譜。

賽門・加菲爾（Garfield, S., 2014）《地圖的歷史：從石刻地圖到Google Maps，重新看待世界的方式》。臺北：馬可孛羅。

# 【附錄】
# 人與環境關係導論作業說明

在實作中學習，是我在臺大大學部開設的「人與環境關係導論」課程的重點之一。將課堂或閱讀所得的知識，實地觀察演練，學生比較能夠將知識內化與轉化，成為真正屬於自己的知識。在實作中，開發自己的想像力，不但能對他人有所啟發，如果進而能對現實空間提出改造的建議，就更有成就感了。實作，一方面是知識的應用，一方面也是自我的探索。我還曾聽學生說過，就是為了做作業，所以才選修這門課程。幾年來，我曾經出過的作業題目如下：

## （1）校園拓圖：

我們習於用視覺來觀看空間，卻又對空間視而不見。拓印（rubbing）相較於照相，不特別倚賴視覺，而是透過手與物體凹凸表面的接觸，將物體表面的紋路或是積存的物質，記錄於另一介質（紙張）上面。學生發揮創意，除了使用鉛筆／蠟筆／炭筆來拓印之外，有人將紙張放在椰林大道上，讓腳踏車輾過留下輪胎的痕跡；有人將紙張放在醉月湖裡，讓湖面上的雜質沉澱在紙上；有人將大張膠帶黏貼在地面與牆上，讓其上原本不起眼的灰塵成為藝術創作的素材；也有人使用拓印取代文字來寫日記。透過拓圖，我們更加能體會身體與空間的緊密連結，也反思自我和空間的關係。校園拓圖的作業成果，請參見《空間就是權力》一書。

● 拓印多種植物的葉面，將之拓成一隻螳螂。馬子宸製作。

（2）自選一個主題拍十張一組照片，並以文字說明之：

這個主題可深可淺，可以是空間的形式觀察（比方都市中的數字／字母／動物／臉，然後更進一步將此十張照片串成一個故事，如本書第一章中將臺大校園建築照片編寫成「臉的故事」），可以探索都市中的抽象概念（如差異、緊張、秩序與混亂），可以帶入自己的身體或模擬不同身體的空間體驗（如本書第二章中的「門與我：你歡迎？還是不歡迎我？」、「Q比的叢林冒險」、「異次元空間旅行」、「包裝內的異想世界」），也可以討論某個物件或空間的生產或意義（如第一章「電動旗手」一節）。

（3）都市中的文字：

城市中舉目所見到處都是文字，從官方標誌、商業廣告、素民張貼，到街頭塗鴉。這些文字傳達何種意識形態，又會因應其訊息而使用何種字型？學生分別針對課桌椅塗鴉、房地產

● 「滅火器」變成「成人器」。

● 臺大土木系的測量實習課程，學生在椰林大道上畫「寒風中測量」的塗鴉。

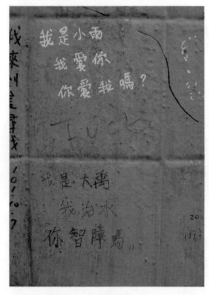

● 在臺北市寶藏巖拍到的塗鴉對聯。

● 這個布條到底是「本日大賣出」，還是「出賣大日本」？

● 臺北市西門町的飲料店的招牌，乍看之下誤以為是「『最難喝』到的紅茶」。

廣告、腳踏車專用道標誌、選舉看板、快炒店VS.法國餐廳招牌，或是空間中的臨時文字（如工程告示、房仲廣告、拖吊留言等）進行調查與分析。

## （4）我的心愛之物：

請同學列舉三樣自己的心愛之物，並說明之。經由此練習，可以重新省視自己與物的親密連結。我意外發現，有不少男大學生仍留有小時候就已經習慣在身邊的毛毯，只是平常不會說與人知。

## （5）環境自傳：

環境自傳（Environmental Autobiography）是在1970年代由美國地景建築教授Kenneth Helphand與Clare Cooper Marcus分別發展出來的方法。他們有鑑於空間設計者所提出的設計往往以滿滿的專業術語為其設計形式背書，然而這些設計通常是受到設計者兒時空間經驗的影響（或迴避、或複製、或對話）。於是透過活動設計（請學生將眼睛閉起來、找一個最舒服的姿勢。然後想像兒時的自己走在草原上，慢慢走近自己的家……），再將心中的感受畫出來，與同學分享，並與自己的設計作品進行對照。這種練習需要同學之間的互信與適當的空間氛圍才能實施。我的課程是大班制，因此採用刪節版，請學生回家使用文字與圖畫，說明自己的兒時空間經驗。重點不在於家庭成員、學經歷，而是成長過程中的實質空間經驗如何影響了今天的我。

（6）各舉出三個設計得很好與不好的物品，並說明理由。

不好的設計，如無法單手拿起的茶壺、很難掀起碗蓋的日式湯碗、總是撕破的優格包裝、找不到缺口以致撕不開的咖啡便利包、障礙重重輪椅無法進入的空間、中看不中用的圓形導盲磚（見第二章）。從這裡討論物的設計與身體／心理的關係，進而探究是怎樣的社會機制造就了此種設計。

● 沒有製作撕開切口的咖啡包。雖然只是一個小小的切口，但一旦缺少，要喝這包咖啡就變得很麻煩。

● 這種日式塑膠湯碗一旦裝入熱湯，碗蓋就很難掀起，企圖用力掀開時容易潑出熱湯而燙到手。照片顯示，我已經將整個碗拿起懸空了，碗蓋依然附著在碗上。

● 商家在店門口設置重重障礙，阻擋了機車停放，但也使乘坐輪椅的身障人士無法進入。

● 這樣的茶壺必須以雙手捧起才能倒出茶水，相當不便利。

**（7）去一個過去因為性別、身體、階級等因素而不太敢去的空間。**

心得撰寫包括三個部分，對於該空間本來的想像（可能來自於媒體、親友經驗等，或個人的猜想臆測）、實際進入空間後的經驗過程（你的觀察、與其他人的互動……）、事後的反省與討論。同學選擇的空間有同志酒吧、清真寺、原住民部落、裸湯、夜店、情趣用品店、高級精品店、男生宿舍等。例如有異性戀男同學去參加同志遊行後，回來分享道：他走在隊伍中時，雖然明確知道自己的認同是異性戀，但由於路人無法分辨遊行隊伍中哪些人是異性戀、哪些人是同性戀，他還是擔心被路人誤認是同性戀者。然後他反省，自己只是在人群中參與運動幾個小時，就已經感到緊張不安，那麼同性戀者每天都要擔心或處理外界異樣的眼光，生活不是很辛苦嗎？

**（8）訪談一位與你在身體、年齡、階級等有所差異的人的空間經驗。**

學生的訪談對象包括自己的祖父母、身障人士、外籍生、懷孕婦女、滑板族、塗鴉客等。有位同學很訝異地分享，乘坐輪椅的朋友說，他平常對於建築物的正立面不太有印象，因為無障礙坡道大都設置在建物的側邊或後面。此外，祖父母描述兒時使用的糞坑、塗鴉客的夜間冒險、外籍生眼中的捷運與夜市，都讓他們驚訝不已。

**（9）ZOOM：**

我在紐約讀書時，在公共電視上看到一則短片，一開始的影像是有位少女側躺在溪流旁的草地上，鏡頭慢慢Zoom Out，原來少女出現在冰箱上的照片裡，而有著冰箱的廚房其實是某個

電視劇的影像。這樣幾分鐘下來，隨著不同媒介（照片、電視螢幕、明信片、海報等）讓影像轉換，想像力得以奔放，令人嘆為觀止。其後又讀到Banyai的繪本《ZOOM》，畫面從雞冠→公雞→兩位小朋友看公雞→有著公雞的農舍模型→此模型是玩具雜誌的封面圖像→男生手上拿著這本雜誌，在一艘遊輪甲板上→公車上的遊輪廣告→紐約的公車→電視節目裡的紐約→原住民在看電視，也就是郵票上的圖案→另一原住民手上拿著貼有郵票的信件→飛行員往下俯瞰原住民→飛機→地球。我在課堂上介紹此繪本，並請學生自行選擇一個主題，製作一本精簡版的ZOOM。有一組同學先瞭解臺北城市中有哪些邊緣族群（如街頭藝人、算命仙、遊民、樂生院民等），然後繪製一本ZOOM的繪本，並同時製成短片。這個作品以水晶球作為分隔，前半是Zoom In後半是Zoom Out。從一群學生圍看電腦開始→桌上的演唱會海報→歌者身上的T恤→T恤的圖案是街頭的塗鴉牆面→牆面上有一張西門町照片→西門町建築物上有一片電視牆→電視上是一位手拿水晶球的街頭藝人→水晶球變成在算命仙的攤位上→算命仙在通緝犯的眼球視網膜上→通緝犯告示在樂生療養院的建物上→樂生出現在遊民腳邊的報紙新聞→遊民出現在學生眼前的電腦螢幕裡。

● 學生製作的ZOOM作業中的一張圖，作業裡，前一張圖中的通緝犯告示出現在建築物右側牆上，而這張圖其實是下一張圖中遊民腳邊報紙上的新聞畫面。江淳翰、蔡宜蓁、吳道沄、宋坤美、林立翔、劉仲翔製作。

（10）主題地圖：

地圖可以描繪某個事物或現象在空間中的分布狀況。我請學生
自己選擇一個主題，繪製一張臺大校園地圖。有學生繪製臺大
的聲音地圖、公共電話地圖、公共廁所地圖、夜間照明地圖、
棄屍地圖（指校園內有哪些地方像荒郊野外、無人看管的危險
死角，因此便於棄屍），並對地圖的內容進行分析與解釋。

（11）文化惡搞：

文化惡搞（Culture Jamming，又譯為文化干擾、文化反堵），
以惡搞廣告、行動劇、貼紙等方式，讓我們看清資本運作、行
銷的真面目。其中「廣告看板解放陣線」（Billboard Liberation
Front）這個團體強調本著極簡哲學，以其人之道還治其人之
身，沒有破壞之意，卻藉著符號遊戲在新舊併陳之中透露出
企業隱藏而真實的訊息。其中最出名的案例是，將香菸廣告
看板上的宣傳字眼「I am realistic. I only smoke Fact.」改成「I
am real sick. I only smoke Facts.」，並使用白色膠帶將Facts（事
實）連至吸菸有害健康之警語。「塗鴉研究實驗室」（Graffiti
Research Laboratory）為了反對紐約捷運站出口的商業廣告電
視螢幕，製作孔版（stencil），讓電視螢幕的光線穿透孔版，
露出「廣告才是破壞公物」的字眼。在臺灣也有一些有趣的實
例，臺大學生因不滿校方雇用律師對紹興南村居民提告，諷
刺臺大變成帝國大學，趁夜用非常擬真的「臺北帝國大學」
紙條蓋住校門口的「國立臺灣大學」字眼，成功騙過校警，
無人察覺，直到媒體拍攝，校警才趕緊將之拆除。有人使用
拒馬排成雙十字形，來諷刺政府過度使用拒馬來防範群眾運
動。有團體發起拍照活動，將「就是我，決定讓核四繼續
蓋。」寫在對話框裡，然後到支持核四之民意代表的服務處前

● 「臺北好好拆」貼紙，諷刺臺北市政府拆民宅的作為。（鴻鴻 攝）

● 書名「口中之心」四個
字，寫起來竟是「噁」字。
侯宗佑設計。

● 有人諷刺「愛臺灣」成為獨霸的口頭禪，
將「ㄞ、」（愛）設計成納粹符號。

與其姓名合照。臺北士林文林苑都市更新案,發生強制拆除王家事件時,有人將市府「臺北好好看」的字眼改成「臺北好好拆」,並將臺北市政府的「北」這個官方LOGO改成用推土機臂劃排成北字形,做成貼紙發送。另外,有人諷刺「愛臺灣」成為獨霸的口頭禪,將「ㄞˋ」(愛)設計成納粹符號;也有人將某位企業家的傳記書名《口中之心》結合之後成了「嗯」這個字。修課學生最常針對速食餐廳、連鎖商店、電腦產品、銀行、廁所標誌進行干擾與惡搞,而最常使用的字眼是Fuck、Shit與$。

## (12)參與改造空間:

請同學選擇一個空間,舉出其問題所在,並提出改善的策略。有同學透過訪談身障者、親身坐輪椅來考察臺大校園的無障礙環境,然後以此調查成果在校務會議提案要求校方改善。有同學認為臺大活動中心與圖書館中間的空間(停腳踏車、置放餐廳廚房用品等)有點曖昧,並不歡迎人們停留,而且讓活動中心與圖書館這兩個高度公共使用的空間阻隔中斷,於是提出一個在聲音不干擾圖書館的前提下,能夠聚集人潮的空間設計。也有同學針對臺大校園的腳踏車停車、監視器、課桌椅、休憩空間、宿舍公共空間等進行調查。

CA079

# 空間就是想像力 Spaces of Adventure
作者：畢恆達

出版者—心靈工坊文化事業股份有限公司

發行人—王浩威　總編輯—王桂花

責任編輯—黃心宜

美術設計—黃子欽

通訊地址—106台北市信義路四段 53 巷 8 號 2 樓

郵政劃撥—19546215　戶名—心靈工坊文化事業股份有限公司

電話—02）2702-9186　傳真—02）2702-9286

Email—service@psygarden.com.tw

網址—www.psygarden.com.tw

製版・印刷—中茂分色製版印刷事業股份有限公司

總經銷—大和書報圖書股份有限公司

電話—02）8990-2588　傳真—02）2990-1658

通訊地址—242新北市新莊區五工五路2號(五股工業區)

初版二刷—2020年12月　ISBN—978-986-6112-97-3　定價—380元

空間就是想像力 / 畢恆達作. -- 初版. -- 臺北
市 : 心靈工坊文化, 2014.03
面；　公分. -- (CA；79)
ISBN 978-986-6112-97-3(平裝)

1.空間設計 2.環境心理學
541.75　　　　　　　　　　103001339

圖片來源：
封面：「臺北好好拆」標誌，Even Wu網友提供。
P36，最左排自上而下第2、4、6張，左中第3、4、6張，右中第4、6張，王桂花攝。
P37，最左排自上而下第5張，左中第5張，最右排第3、5張，王桂花攝。
P41，數字0，汪琪攝。
P42，字母C，郭育誠攝。
P43左中，陳乃賢攝。
P54右上，磚牆上的CHE，謝臥龍攝。
P114左上，陳曉琪攝，影中人：林沛穎。
P114中「在蟾蜍山的慢日子」，林鼎傑攝影，陳政邦設計。
P114～115其他照片：郭育誠攝。